马克思主义经典文本的当代解读与中国道路
丛书主编 吴晓明

《政治经济学批判大纲》的当代解读与中国道路

韩立新 编著

A brief introduction to the Outlines of a
Critique of Political Economy

重庆出版集团 重庆出版社

图书在版编目（CIP）数据

《政治经济学批判大纲》的当代解读与中国道路 / 韩立新编著. -- 重庆：重庆出版社, 2025. 3. -- ISBN 978-7-229-19144-3

Ⅰ. F0-0

中国国家版本馆CIP数据核字第2024RK6741号

《政治经济学批判大纲》的当代解读与中国道路
《ZHENGZHI JINGJIXUE PIPAN DAGANG》DE DANGDAI JIEDU YU ZHONGGUO DAOLU

韩立新　编著

责任编辑：彭　景
技术编辑：宋艳歌
责任校对：李小君
装帧设计：刘沂鑫

重庆出版集团
重庆出版社　出版

重庆市南岸区南滨路162号1幢　邮政编码：400061　http://www.cqph.com
重庆出版社艺术设计有限公司制版
重庆天旭印务有限责任公司印刷
重庆出版集团图书发行有限公司发行
E-MAIL:fxchu@cqph.com　邮购电话：023-61520678
全国新华书店经销

开本：889mm×1194mm　1/32　印张：8.25　字数：180千
2025年3月第1版　2025年3月第1次印刷
ISBN 978-7-229-19144-3
定价：39.00元

如有印装质量问题，请向本集团图书发行有限公司调换：023-61520678

版权所有　侵权必究

吴晓明

总序

当中国的历史性实践进入到新的历史方位时,"世界历史"正面临着百年未有之大变局。为了理解这一变局并把握住它的根本趋势,我们尤其需要以马克思主义的理论来作为思想武器和分析工具,以便能够真正深入到"世界历史"变局的本质之中。因为直到今天,没有一种学说像马克思的学说那样,如此深刻而透彻地洞穿了现代世界的本质并将其带入到"历史科学"的掌握之中。正如海德格尔所说:马克思在体会到异化的时候,是深入到历史的本质性的一度中去了,所以马克思主义关于历史的观点比其余的历史学优越。这种优越性首先在于它的基本方法,在于这种方法将本质性导回到社会—历史的现实之中,从而要求根据特定的社会条件和时代状况展开具体化的理论研究和思想探索。

为了理解和掌握这种方法,我们就必须进入到马克思主义的经典文本之中——这是一个尽管初步但却是绝对必要的环节。如果认为马克思主义从根本上诉诸"现实",因而就以为文本、原则或原理等乃是无关紧要的和可以忽忽的,那么,这从一开始就已经误入歧途了。须知"现实"并不是知觉能够直接给予我们的东西,并不是我们睁眼就能看到的;真正的"现实",按黑格尔的说法,是"本质与实存的统一",是"展开过程中的必然性"。既然"现实"包含着本质和必然性,那么,把握"现实"就是一种很高的理论要求,就需要有理论高度上的原则或原理。所谓"经典文本",就是最集中地体现原则或原理的文献。为了将马克思主义理论把握为强大的思想武器和锐利的分析工具,首先就必须通过经典文本的广泛阅读来学习马克思主义的原则或原理——舍此没有他途。我们正是为此目的而编选这套马克思主义经典文本解读系列的。

但是,马克思主义的理论绝不停留于抽象的原则或原理,也绝不意味着只是将抽象的原则或原理先验地强加给任何对象(外在反思)。对于马克思主义来说,它的基本方法最坚决地要求使原则或原理进入到全面的具体化之中。我们知道,黑格尔早就说过:没有抽象的真理,真理是具体的;一个哲学上的原则或原理,即使是真的,只要它仅仅是一个原则或原理,它就已经是假的了。我们同样知道,马克思在《〈政治经济学批判〉导言》中,将他的方法简要地概括为"从抽象到具体";而我们耳熟能详的一句名言说:"具体情况具体分析是马克思主义的活的灵魂。"在这样的意义上,辩证法就意味着:普遍的东西要摆脱它的抽象性而经历特定的具体化。对于黑格尔和马克思来说,这样的具体化主要有两个向度,即社会的向度和历史的向度;而这就意味着:抽象普遍的东西必须经过中介——根据特定的社会条件和特定的时代状况——来得到具体化。

举例来说,马克思主义的原则或原理乃是普遍的。但正如恩格斯所说,除非这样的原则或原理能够根据特定的社会条件和时代状况被具体化,否则它就会沦为"恶劣的教条",就会转变为"唯物史观的对立物"。而根据中国特定的社会条件和时代状况得到具体化的马克思主义,就是中国化时代化的马克思主义。事实上,与中国的历史性实践建立起本质联系的,不是抽象的马克思主义,而是中国化时代化的马克思主义。同样,在"世界历史"的基本处境中,现代化乃是普遍的。如《共产党宣言》所说,任何民族——如果它不想灭亡的话——都必然被卷入到现代化的进程之中,也就是说,现代化已成为每一个民族之普遍的历史性任务。但是,除非这样的普遍任务能够根据特定的社会条件和时代状况被具体化,否则,它就没有现实性可言，它就会遭遇到巨大的挫折和严重的困境。而根据中国特定的社会条件和时代状况得到具体化的现代化进程，就意味着中国式现代化，就意味着中国特色现代化道路的积极开启和现实展开。事实上，正是中国式现代化的历史性进程才使得中国的现代化开辟出立足于自身之上的发展道路，并取得了举世瞩目的伟大成就。由此可见，在这样一种具体化的理论进程和实践进程中，就像马克思主义必然要成为中国化时代化的马克思主义一样，中国的现代化实践也必然要成为中国式的现代化。

我们的这套解读系列之所以加上"当代解读与中国道路"的标识，就是试图积极地提示马克思主义的基本方法，提示这一方法从根本上来说的具体化承诺。毫无疑问，任何一种经典文本的解读，首先要求对原著的基本理解，要求掌握它的原则或原理。同样毫无疑问，马克思主义经典文本的解读还要求原则或原理的具体化——根据特定的社会条件和时代状况而来的具体化。如果这个解读系列的尝试能够帮助读者更加全面地阅读和理解经典作家的原著，那么，我们的目的就基本达到了；如果这一尝试还能够使读者在理解原著的基础上牢记具体化的必要性并学会掌握它，那么，马克思主义的基本方法就会真正成为我们的研究指南和分析利器。凭借着这样的指南和利器，我们不仅能够更加深入地思考中国道路的本质与必然性，而且能够更加积极地回应"世界历史"变局中正在出现的重大问题与严峻挑战。

我们由衷地感谢为这套解读系列付出辛勤劳动的诸多学者和整个出版社团队，我们也真诚地希望读者们能够从中得到思想理论上的有益启示和多重收获。

2023年冬初于复旦大学

目录

总序 /1

原著解读 /1

引言 /3

一、时代背景和体系构成 /5
 （一）资本主义的黄金时代 /5
 （二）《大纲》的体系结构和《政治经济学批判》计划 /9

二、主要内容：近代资本主义社会批判 /16
 （一）《大纲》的双层结构模型 /17
 （二）交换价值上的自由与平等 /26
 （三）"领有规律的转变"理论 /31

(四)"孤立的个人"与物象化 /37
(五)物化和"资本的文明化"作用 /45
(六)对资本的反抗 /52

三、理论地位:"中期马克思"的代表作 /63

四、研究史:《大纲》研究的三个阶段 /71

(一)第一个时期:《资本论》形成史视野下的《大纲》研究 /71
(二)第二个时期:"中期马克思"视阈下的《大纲》研究 /79
(三)第三个时期:全球视野下的《大纲》研究 /89

五、《大纲》的世界历史理论及其当代意义 /96

(一)《大纲》的世界历史理论 /96
(二)中国的发展道路 /105

余论:辩证法与经济学 /112

(一)黑格尔与经济学 /113
(二)《大纲》的辩证法 /118

原著选读 /123

导言 /125

Ⅰ.生产、消费、分配、交换(流通) /125
  1.生产 /125
  3.政治经济学的方法 /134

目录

政治经济学批判（1857—1858年手稿） /147

  Ⅱ.货币章 /147

    ［货币的产生和本质］/147

    ［货币流通和货币的三种规定］/154

  Ⅲ.资本章 /163

    ［第一篇　资本的生产过程］/163

    ［第二篇　资本的流通过程］/175

《政治经济学批判。第一分册》第二章初稿片断和第三章开头部分 /247

  ［第二章　货币］/247

    ［(2)货币作为支付手段］/247

《政治经济学批判大纲》的
当代解读与中国道路

原著解读

A BRIEF
INTRODUCTION TO
THE CRITIQUE OF
POLITICAL ECONOMY

引言

从1857年起,39岁的马克思开始写作酝酿已久的《政治经济学批判》草稿,即人们通常所说的《政治经济学批判大纲》(Grundrisse der Kritik der politischen Ökonomie,以下简称《大纲》)[①]。当时,近代的市民社会(die bürgerliche Gesellschaft)已经出现在西欧,西欧先进的资本主义国家以市民社会为基础试图建构一个崭新的世界体系。面对这一新生事物,在这部著作中,马克思以超人的历史责任感,从唯物史观的角度出发,完整地勾画了资本主义社会的本质及其世界体系的历史命运,预言了共产主义的光辉未来。因此,《大纲》是我们深刻把握马克思的思想体系和历史理论的最重要的著作之一。

[①] Karl Marx, *Grundrisse der Kritik der politischen Ökonomie, Ökonomische Manuskripte 1857/58*, In: *MEGA*[②] Ⅱ-1, Ⅱ-2, Dietz Verlag Berlin, 1976, 1981。参看马克思:《1857—1858年经济学手稿》,《马克思恩格斯全集》第30卷,人民出版社1995年。

改革开放以前，中国作为一个东方国家一直没有机会经历市民社会，但是，1978年改革开放以后，特别是2007年《中华人民共和国物权法》的颁布，对私有产权不可侵犯的规定，使私有权、货币和资本等市民社会的元素以其本来面目进入我国人民的现实生活，与我国的社会主义体制交融在一起，并深刻地改变着中国的命运。面对这一突如其来的社会变化，我们尝试像马克思那样，在他的祖国进入市民社会的那一时刻，也在"概念的高度把握（begreifen）"这个时代，预见中国以及世界的未来。这不仅是中国学人不可推卸的历史使命，而且也是上天赐给中国学人的良机，因为毕竟这一切都发生在中国。而《大纲》是我们完成这一使命最重要的理论武器，因为《大纲》是对近代市民社会和世界历史发展趋势的最杰出的说明。

一、时代背景和体系构成

(一) 资本主义的黄金时代

19世纪50年代是西欧资本主义发展的黄金时期。以英国为中心，欧洲的资本主义已经发展到一个前所未有的水平。伴随着产业革命而出现的机器大生产已经在西欧普及，大大地提高了生产效率，使资本主义生产方式在西欧占据了主导地位。与此同时，资本主义在整个地球的范围内获得了迅猛的发展。美国加利福尼亚州金矿的发现，澳大利亚金矿的发现，使资本走出了它们的母国（西欧各国），出现在世界市场上。印度和中国沦落为欧洲资本主义的原料生产国，也成为欧洲推销自己的工业制品的新市场。1851年伦敦首次召开了万国博览会，这预示着，资本的全球化已经在世界范围内展开,世界历史进入到了一个资本的时代。

另一方面,伴随着资本的全球化,资本主义的消极因素和否定因素也在不断增加。随着人口向大城市的集中,产业阶级面临着更大的生存压力,贫困和失业成为他们无法摆脱的厄运。资本主义开始爆发其特有的经济危机,且按照十年一次的周期不断地破坏着资本主义的生产力,人民的生活也因此被不断地抛入到剧烈动荡的漩涡之中。同时,经济危机的每次爆发又加深了资本主义社会的内在矛盾,激化了工人与资本家的对立,社会的分裂越来越严重。从全球上看,亚细亚越来越成为西欧资本主义的附属国,中国和印度等国沦落为发达资本主义的殖民地或者半殖民地。亚细亚人民甚至遭受了比资本主义国家人民更为悲惨的命运。

总之,一方面,世界中出现了资本普遍化的趋势,马克思把它称为"资本的文明化趋势"①;另一方面,资本主义社会的内部矛盾,即生产力的发展与价值增值之间的矛盾、工人阶级与资产阶级的矛盾日益加剧,经济危机已

---

① 《马克思恩格斯全集》第30卷,人民出版社1995年,第395页。

经成为资本主义社会无法避免的厄运。这一切都是由资本所带来的，它反映了资本的本性和历史局限。那么，资本这一新生事物究竟意味着什么？它为什么会有使整个世界"文明化"的魔力？同时为什么又具有非人化的魔力？人类历史将在资本的作用下走向何方？这些问题成为当时马克思思考的核心。这些思考凝结在他对政治经济学批判的计划中。

如果说以斯密、李嘉图等人的理论为代表的政治经济学是对资本主义社会的理论反映，那么马克思对政治经济学的批判其实也就等于"市民社会的解剖"①，是对现存的资本主义制度的批判。马克思对"市民社会的解剖"始于1844年。早在《巴黎手稿》中，他就预告自己要写一部批判政治经济学的著作，为此还留下了关于斯密、李嘉图和穆勒等人的笔记，通过异化劳动和交往异化概念的分析展开过对资本主义的批判。但是，真正将政治经济学批判作为一生的主要工作，是在1848年以后。1848年革命失败后，马克思侨居伦敦，大约从1850年开始系统地研读经济学著作，并做了十分广泛的笔记，内容不仅包括货币、信

---

① 《马克思恩格斯全集》第31卷，人民出版社1998年，第412页。

用制度、雇佣劳动、土地所有制等经济学的各个领域，还包括农学、技术学、技术史、人口论、殖民制度等。马克思本人在《〈政治经济学批判〉序言》中曾这样描述这一工作：

> 1848年和1849年《新莱茵报》的出版以及随后发生的一些事变，打断了我的经济学研究工作，到1850年我在伦敦才能重新进行这一工作。不列颠博物馆中堆积着政治经济学史的大量资料，伦敦对于考察资产阶级社会是一个方便的地点，最后，随着加利福尼亚和澳大利亚金矿的发现，资产阶级社会看来进入了新的发展阶段，这一切决定我再从头开始，批判地仔细钻研新的材料。①

这一钻研就是七八年。由于预计到了欧洲即将爆发经济危机，从1857年夏天起，他决定将自己酝酿已久的"《政治经济学批判》计划"予以实施，开始通宵达旦地工作。在不到一年的时间里，马克思以极高的效率撰写了《1857—1858年经济学手稿》。

---

① 《马克思恩格斯全集》第31卷，人民出版社1998年，第414页。

（二）《大纲》的体系结构和《政治经济学批判》计划

《政治经济学批判大纲》作为《1857—1858年经济学手稿》的主体部分，其题目是1939年第一次以德文原文发表时由编者加上去的①，从此它就以"政治经济学批判大纲"之名闻名于世。

《大纲》共由8个笔记本组成，即"M笔记本"和以罗马数字排序Ⅰ—Ⅶ的七个笔记本。"M笔记本"收录了《〈政治经济学批判〉导言》（写于1857年8月底）以及后来由马克思于1858年6月补充的《七个笔记本的索引（第一部分）》②；第Ⅰ—Ⅶ个笔记本收录了《巴师夏和凯里》（写于1857年7月）和《大纲》（写于1857年10月至1858年5月），其中第Ⅶ笔记本并不都属于《大纲》的内容，属于《大纲》的内容截止该笔记本的第64页。总计约

---

① 在《大纲》手稿最后一个笔记本，即第Ⅶ笔记本的封面上，有马克思亲笔写的 *Political Economy Criticism of（Fortsetzung）*（《政治经济学批判(续)》）的标题，由此可推测这部手稿的原名是《政治经济学批判》。
② 关于《七个笔记本的索引（第一部分）》的由来及其意义，参见《马克思恩格斯全集》第31卷"前言"，人民出版社1998年，第6—7页。

五十个印张，三百四十几页手稿。在新MEGA[①]中《大纲》收录于第Ⅱ部门第1卷（1976年第1分册，1981年第2分册）当中，汉译本现收录于《马克思恩格斯全集》1995年和1998年出版的第30卷和第31卷当中。

从结构上看，《大纲》主要由《〈政治经济学批判〉导言》"货币章"和"资本章"三个部分组成。《导言》并非仅仅是《大纲》的序言，而是马克思构想的整个《政治经济学批判》的序言。换句话说，它还是后来出版的《政治经济学批判·第一分册》以及《资本论》的序言。如果暂且不考虑《导言》，《大纲》的主要内容实际上由探讨"商品和货币"关系的"货币章"和探讨"资本和雇佣劳动"关系的"资本章"组成。

《大纲》作为马克思最早的《政治经济学批判》计划，其内容相当于该计划中的"资本一般（das Kapital im allgemeinen）"部分。关于《政治经济学批判》写作计划，马克思在写作《大纲》的过程中曾发生过几次大的变动，但是，综合他的草稿以及他与别人的通信中所透露出来的信息，我们可以还原他当时写作《政治经济学批判》的初始

[①] 《马克思恩格斯全集》历史考证版第二版，这是马恩文本与文献研究的必要参考。

计划：这一计划由六个部分组成：

Ⅰ 资本；

Ⅱ 土地所有制；

Ⅲ 雇佣劳动；

Ⅳ 国家；

Ⅴ 国际贸易；

Ⅵ 世界市场。

也就是说，《政治经济学批判》体系将从"资本"开始到"世界市场"结束，其核心是前三部分即"Ⅰ资本、Ⅱ土地所有制、Ⅲ雇佣劳动"。如果说这三部分属于"资本"本来的议题的话，那后半部分即"Ⅳ国家、Ⅴ国际贸易、Ⅵ世界市场"则属于"资本"的延伸领域。这一安排与黑格尔《法哲学原理》的"伦理篇"相仿。在"伦理篇"中，黑格尔是按照"市民社会→国家（国内法）→国际法→世界历史"的顺序来展开的。

《大纲》写作过程中的资本写作计划[①]

资本	
Ⅰ.一般性：	(1) (a) 由货币生成资本。(b) 资本和劳动（以他人劳动为中介）。(c) 按照同劳动的关系而分解成的资本各要素（产品、原料、劳动工具）。 (2) 资本的特殊化：(a) 流动资本，固定资本。资本流通。 (3) 资本的个别性：资本和利润。资本和利息。资本作为价值同作为利息和利润的自身相区别。
Ⅱ.特殊性：	(1) 诸资本的积累。(2) 诸资本的竞争。(3) 诸资本的积聚（资本的量的差别同时就是质的差别，就是资本的大小和作用的尺度）。
Ⅲ.个别性：	(1) 资本作为信用。(2) 资本作为股份资本。(3) 资本作为货币市场。

关于"资本一般"部分，马克思在写作过程中，其构想也曾发生过一定的变化。在《大纲》写作之初，马克思曾准备采取"一般性—特殊性—个别性"这样的三位一体计划（参见《〈大纲〉写作过程中关于资本的写作计划》表），不过这一计划并没有实施下去。后来，这里的"一般性"直接发展成"资本一般"。到《大纲》写作结束时，马克思给出的"资本一般"的具体规定已经不同于开始时的计划，而改为如下：

---

① 参见《马克思恩格斯全集》第30卷,人民出版社1995年,第233—234页。

（a）资本一般：

（1）资本的生产过程；

（2）资本的流通过程；

（3）两者的统一或资本和利润、利息。

（b）竞争。

（c）信用。

（d）股份资本。

这与后来的《资本论》的结构，即"（1）资本的生产过程；（2）资本的流通过程；（3）资本的总过程；（4）剩余价值学说史"颇为相似。对此，马克思早在《1858年3月11日给斐·拉萨尔的信》《1858年4月2日给恩格斯的信》，以及1859年《政治经济学批判》的"序言"中都有过描述[1]，这里就不赘述了。

《大纲》在马克思生前没有发表。之所以没有发表，并不是因为经费等出版条件的限制，而是因为他写作这部草稿的"目的不是为了付印，而是为了自己弄清问题"[2]。1858年6月，为了将《大纲》的内容纳入《政治经济学批判》著作计划，他对《大纲》的草稿进行了分类，并制作

---

[1] 《马克思恩格斯全集》第31卷，人民出版社1998年，第411页。
[2] 《马克思恩格斯全集》第31卷，人民出版社1998年，第411页。

了《七个笔记本的索引》，以便日后使用。当时马克思决定将《政治经济学批判》著作分为六大分册，其中论述资本的一册又分为四篇，第一篇亦即第一分册包括（1）价值、（2）货币和（3）资本一般。《七个笔记本的索引》所反映的是这一分册的内容，或者说是这一分册付印稿的提纲。1859年，马克思将《大纲》的一部分修改成《政治经济学批判·第一分册》，这个第一分册仅包括相当于"资本一般"序言部分的"商品"和"货币"两章，而不包括关于"资本"的第三章。之所以不包括第三章，除了篇幅限制等原因以外，还出于政治策略上的考虑，即"真正的战斗正是从第三章开始，我认为一开始就使人感到害怕是不明智的"。[①] 也就是说，马克思准备让它单独成册，即要将"资本"这一章放在接下来出版的第二分册中。为此，从1859年2月起，马克思又制作了《资本章计划草稿》《引文笔记索引》和《我自己的笔记本的提要》等，以备第二分册使用。后来这个第二分册搁浅，《索引》和《提要》成了马克思写作1861—1863年经济学手稿的重要材料。这就是著名的23册《政治经济学批判》草稿，新

[①] 《马克思恩格斯全集》第31卷"前言"，人民出版社1998年，第10页。

MEGA编者把它命名为《1861—1863年草稿》。1862年12月28日，马克思在给库格尔曼的信中，提出要将自己的经济学著作改名为《资本论——政治经济学批判》。从1863年起，马克思开始了这一新计划，撰写《资本论》草稿直至1867年《资本论》第一卷出版。

二、主要内容：近代资本主义社会批判

《大纲》的写作背景是资本主义发展的黄金时代。在这一背景下，马克思所要把握的无疑是那个时代最根本的特征，即资本的统治；所要阐明的无疑是资本如何产生、发展和灭亡的过程。马克思开宗明义地写道：

准确地阐明资本概念是必要的，因为它是现代经济学的基本概念，正如资本本身——它的抽象反映就是它的概念——是资产阶级社会的基础一样。明确地弄清关系的基本前提，就必然会得出资产阶级生产的一切矛盾，以及这种关系超出它本身的那个界限。①

---

① 《马克思恩格斯全集》第30卷，人民出版社1995年，第293页。

为了完成这一理论任务。马克思把资本设定为"资本一般"。如同黑格尔《法哲学原理》中的"国家"概念一样,"资本一般"也是与现实的经济运行方式无关的概念,即"一个资本(ein Kapital)"[①];而且,"一个资本"并不是以客体的方式,相反是以一个主体的方式完成着自己的进化过程和统治过程。它从简单流通关系中产生,通过与劳动相交换,从货币过渡到自身,然后进入到自己增值的过程,直至将整个世界都纳入自己的统治之下。《大纲》所描述的就是这一过程。

(一)《大纲》的双层结构模型

《大纲》主要由"货币章"和"资本章"两章组成,看似平凡的两章结构不仅反映了马克思把握近代资本主义的基本视角,而且是《大纲》最突出的理论特征。

"货币章"的研究对象是"交换价值、货币、价

---

① Karl Marx, *Ökonomische Manuskripte 1857/58*, In: *MEGA*② Ⅱ.Text Teil 2, Dietz Verlag Berlin 1981. S.602。参见《马克思恩格斯全集》第31卷,人民出版社1998年,第124页。

格"①，它们属于简单商品流通领域。简单流通虽然是资本产生的前提，但并不直接等同于资本本身。在本章中，马克思主要讨论了货币的产生、流通和货币拜物教出现的过程，其核心理论包括"货币物象化""物象的依赖关系""人类史的三大阶段"等理论。"资本章"的研究对象是资本的生产过程、资本的流通过程以及资本"作为结果实的东西"的增值过程，它是以资本和劳动相交换为基础的剩余价值的生产过程。这是《大纲》本来的主题，其篇幅也占到了手稿四分之三。在本章中，马克思描述了资本作为主体，从原始积累到本来积累，经过流动资本向固定资本的转化、资本的周转和积累，最后将土地、劳动者、分工和协作、科学和生产力，以及整个世界都纳入到自身之内，完成对世界的文明化和对世界统治的过程。其核心理论包括"人格物化为资本""剩余价值规律""利润率下降规律"等。

"货币章"和"资本章"之间并不是毫不相干的。"货币章"是"资本章"的基础，而"资本章"是"货币章"的"更高次方"，是它发展的必然结果。在"货币章"和

---

① 《马克思恩格斯全集》第30卷，人民出版社1995年，第180页。

"资本章"开头"货币转化为资本"部分，马克思还安排了"货币章"向"资本章"转变的中介环节。即在私有制条件下，以交换价值为目的生产将不可避免地出现货币向资本的转变，带来"对自己劳动产品的所有权也就是劳动和所有权的分离"，出现"劳动=创造他人的所有权，所有权将支配他人的劳动"的状况。①马克思把这一状况称为"领有规律的转变"（Umschlag des Gesetzes der Appropriation oder Aneignung）②。这样一来，《大纲》从整体上看呈现为一个以"领有规律的转变"理论等为中介的双层结构，"领有规律的转变"理论夹在"货币章"和"资本章"中间。形象一点说，这颇似一个"汉堡包"，如果说"货币章"和"资本章"是上下两片面包的话，那么包裹在其间的"领有规律的转变"理论就是中间的那块肉。如同缺了这块肉，汉堡包将失去滋味一样，"货币章"和"资本章"之间也无法缺少"领有规律的转变"理论；缺少了

---

① 《马克思恩格斯全集》第30卷，人民出版社1995年，第192页。
② 在中文版中"领有规律"（das Gesetz der Aneignung）被译成了"占有规律"（《马克思恩格斯全集》第30卷，人民出版社1995年，第192页；《马克思恩格斯全集》第31卷，人民出版社1998年，第350页）。但是，Aneignung本来含义是指对外部对象的获得，再加上"占有"所对应的德文词是Besitz，故本文将Aneignung译成"领有"。因为"领有"有"领回"和"所有"之义，作为Aneignung的翻译比较贴切。

它,《大纲》也会失去自己的特色。在这个意义上,"领有规律的转变"理论可谓是重中之重,属于《大纲》中最为精彩的篇章。

《大纲》的双层结构不仅反映了简单流通和资本主义生产在经济运行机制上的差别,更重要的,它还是马克思把握近代资本主义社会的有效武器。如果把"商品—货币"为核心的运行机制界定为市民社会的话,那么以"资本—雇佣劳动"为核心的运行机制就可以界定为资产阶级社会。市民社会的核心概念是货币;而资本主义的核心概念是资本。在马克思看来,近代资本主义社会是两者的结合,或者说由"市民社会"和"资产阶级社会"组成的双层结构。从学说发展史上看,把近代资本主义社会看作是由这一双层结构组成的看法并不是始于《大纲》,可能始于1845—1846年写成的《德意志意识形态》。在《德意志意识形态》的"费尔巴哈"章中,马克思就对这两种社会做了初步区分,把有别于"市民社会"的"资产阶级社会"定义为"布尔乔亚社会"（Bourgeoisgesellschaft）①。而到了《大纲》，随着马克思经济学理论的日渐成熟，这一区分更加成型。

所谓市民社会是以商品交换关系为核心的社会组织，它是平等的私有者根据交换价值自由地交换其商品的社会，同时也是人们的社会交往采取了异化或者物象化形式的社会。从时间上看，它"是对于16世纪以来就作了准备，而在18世纪大踏步走向成熟的'市民社会'"②；从词源上看，它直接来源于黑格尔法哲学中"市民社会"，即一个以特殊性为一个原理，又以普遍性为另一个原理的"全面依赖的体系"③；从内容上看，它与斯密所说的"商业社会"（commercial society）或"文明社会"（civil soci-

---

① Karl Marx/ Friedrich Engels, *Die deutsche Ideologie*, in: *MEW.*, Bd3, Dietz Verlag Berlin, 1959. S.233。参见［德］马克思、恩格斯《德意志意识形态》，《马克思恩格斯全集》，人民出版社1965年，第280页。原译文为"资本主义社会"，但这里应该译成"资产阶级社会"。需要注意的是，这里的Bourgeoisie来自法语，在法语中它既指市民也指市民中的特权阶层，即资产阶级。而Bourgeoisgesellschaft(资产阶级社会)是来自这一法语bourgeoisie的合成词。关于《德意志意识形态》中的市民社会概念，请参照韩立新：《〈德意志意识形态〉的市民社会概念》(上)《马克思主义与现实》，2006年第4期。
② 《马克思恩格斯全集》第30卷，人民出版社1995年，第22页。
③ G. W. F. Hegel, *Grundlinien der Philosophie des Rechts*, Herausgegeben von J. Hoffmeister, 1955, S.182f. 参见［德］黑格尔：《法哲学原理》，范扬、张企泰译，商务印书馆1979年，第198页。

ety）的含义相近，在这一社会中，"他的大部分欲望，须用自己消费不了的剩余劳动生产物，交换自己所需要的别人劳动生产物的剩余部分来满足"①。市民社会中的"市民"（Bürger）的原义是指中世纪的城堡里的居民，他们在政治上拥有市民权，在经济上都是私有者。尽管他们具有转变成资本家或者雇佣工人的可能性，但他们一开始并不是资本家或者雇佣工人。他们虽然借助于交换价值特别是其最高表现货币交换着自己的劳动，但是"在纯粹流通中进行交换价值的简单运动，决不能实现资本"②。这种市民社会所对应的是《大纲》中的"货币章"。

"资产阶级社会"在《大纲》中马克思也用"Bürgerliche Gesellschaft"来指称，尽管在词形上它与前述的die bürgerliche Gesellschaft相同，但其内涵却相当于我们通常所理解的"资本主义社会"（kapitalistische Gesellschaft）。它也是在18世纪随同资产阶级的出现而发展起来的，在时间上与市民社会的出现相重合。但它之所以不能被称作"市民社会"，是因为在"资产阶级社会"里，占统治地位

---

① ［英］亚当·斯密：《国民财富的性质和原因的研究》上卷，王亚南译，商务印书馆1997年，第20页。
② 《马克思恩格斯全集》第30卷，人民出版社1995年，第209页。

的不再是商品货币关系，而是"资本一般"关系。而且，随着货币向资本的转化，同格的、平等的市民会分裂为两大对立的阶级：资本家和雇佣工人，剩余价值规律会取代商品交换规律成为该社会的主导规律。马克思常用"较高级的形式"[①]"发展程度较高的生产关系"[②]来表征这一资产阶级社会，意思是说它来源于商品货币关系，但与商品货币关系有着本质的区别。这一资产阶级社会在《大纲》中所对应的"资本章"的理论世界。

需要说明的是，"市民社会"和"资产阶级社会"之间的关系。首先，市民社会和资产阶级社会都对应于眼前的近代社会，它们属于同一个社会的两个不同的层次。市民社会是该社会的第一个层次，在这一层次上先不考虑资本和劳动相交换，将一部分人对另一部分人的剥削以及由此产生的阶级对抗抽象掉，让整个社会呈现为自由和平等的状态。资产阶级社会则是第二个层次，在这一层次上，以资本和劳动相交换为前提，自由与平等的交换关系转化为不平等的资本和雇佣劳动关系。马克思的这一双层结构理论的特质在于：一方面，要严格地区分这两种性质各异

---

① 《马克思恩格斯全集》第30卷，人民出版社1995年，第206页。
② 《马克思恩格斯全集》第31卷，人民出版社1998年，第347页。

的社会形式；另一方面，又要把"市民社会"和"资产阶级社会"视为同一个近代资本主义社会的两个方面。市民社会是该社会的表面现象，资产阶级社会是该社会的深层本质。对马克思而言，如果只能用一个概念来概括近代社会的本质，那只能是资产阶级社会，这是马克思不同于斯密和黑格尔的关键之处。

其次，是"市民社会"必然过渡到"资产阶级社会"。在马克思看来，市民社会相对于资本主义以前的共同体阶段是一种历史进步，因为它作为"交换价值制度，或者更确切地说，货币制度，事实上是自由平等的制度"。但是，随着市民社会的发展，所有权、自由和平等会"转变为自己的对立面"①，而且市民社会越是发展，"所有权、自由和平等的三位一体"就越是遭到否定②。这是近代社会无法解决的悖论。那么，我们能不能不让市民社会向资产阶级社会发展？马克思认为这是不可能的。他写道："认为交换价值不会从商品和货币形式发展为资本形式，或者说生产交换价值的劳动不会发展为雇佣劳动，这是一种虔诚

---

① 《马克思恩格斯全集》第31卷，人民出版社1998年，第363页。
② 《马克思恩格斯全集》第31卷，人民出版社1998年，第362页。

而愚蠢的愿望。"①

总之,马克思在对近代资本主义的把握上采取了双重视角:一方面,要揭示市民社会对历史发展的积极作用及其存在的必然性;另一方面,又要揭示资产阶级社会本身所具有的内在矛盾和界限,阐述资产阶级社会灭亡的命运。两者的价值取向相反,但是联系密切。要想科学地揭示近代资本主义社会的发展规律,这种既肯定又否定的视角缺一不可。以此为参照,苏联、东欧以及我国传统的《大纲》研究往往强调马克思对资产阶级社会批判这一否定方面,关注资本家和雇佣工人的阶级对立和剩余价值规律等消极意义。而20世纪60年代以后,特别是平田清明和望月清司等日本"市民社会派马克思主义"的《大纲》研究则更偏重肯定市民社会的必然性及其积极意义。②下面,我们从兼顾这种既肯定又否定的双重视角出发,对《大纲》中的几个核心论题做具体分析。

---

① 《马克思恩格斯全集》第31卷,人民出版社1998年,第363页。
② 参见韩立新:《"日本马克思主义":一个新的学术范畴》,《学术月刊》2009年9月。

(二) 交换价值上的自由与平等

"货币章"的主题是交换价值。如果说古代共同体中人的生产目的是使用价值的话，那么近代市民社会中私有者的生产目的无疑是交换价值。这样一来，交换价值就自然成为整个生产和交换活动的中心。马克思在对阿尔弗勒德·达里蒙《论银行改革》(1956年巴黎版) 货币制度和信用制度改革理论进行一系列批判以后，写下这样一段话：

一切产品和活动转化为交换价值，既要以生产中人的 (历史的) 一切固定的依赖关系 [alle feste persönliche (historiche) Abhängigkeitsverhältnisse] 的解体为前提，又要以生产者互相间的全面的依赖为前提。每个个人的生产，依赖于其他一切人的生产；同样，他的产品转化为他本人的生活资料，也要依赖于其他一切人的消费。①

这段话能够让人们立即联想到黑格尔在《法哲学原理》中

---

① 《马克思恩格斯全集》第30卷，人民出版社1995年，第105页。

的市民社会规定：每一个人在追逐自己特殊利益的同时，不自觉地实现着社会的普遍利益。值得注意的是，这段话也是"货币章"的中心思想。望月清司就曾称，"事实上它就相当于《大纲》的开场白，其地位如同《资本论》开头的那一句，即资本主义生产方式占统治地位的社会的财富，表现为'庞大的商品堆积'，单个的商品都表现为这种财富的元素形式"，①正如这段话所示，要想使人们的劳动产品都转化为交换价值，的确需要两个前提：第一，传统的人格对人格的依赖关系必须解体。因为不消除人格的依赖关系，劳动就无法获得自由，那么也就无法建立起以普遍的私有制为基础的交换价值制度；第二，由于生产不是为了自己消费，生产者之间就必须互相依赖，即每个人的生产和消费都要依赖于其他人的生产和消费。这从表面上看，是生产者之间作为人格的相互依赖关系，但事实上它是人格对自己的对象物，即交换价值的全面依赖。只有人格全面依赖交换价值，"一切产品和活动"才能"转化为交换价值"，马克思把这种一切都转化为交换价值的状

---

① ［日］望月清司：《马克思历史理论的研究》，韩立新译，北京师范大学出版社2009年，第269页。

况视为人类"以物的依赖性为基础的人的独立性"阶段①。

　　以交换价值为核心的商品交换，可以为人格之间形成自由与平等的关系提供前提。人们为了满足自己多方面的需要，必须交换其劳动产品，甚至要交换劳动本身。在这个意义上，交换是贯彻历史始终的人类基本的生产方式和生活方式。但是，并不是所有的交换都能产生自由与平等，在市民社会之前的共同体阶段，由于还没有普遍的私有制，劳动者人格不独立，还处于奴隶制或封建制这样的人身依附关系当中。在这种关系下，人的劳动，譬如奴隶劳动，就不是自由的劳动，属于被某种特权"强制的劳动"。劳动远非自愿，且劳动产品也不归自己所有，而归自己的主人或者共同体所有。在近代市民社会的条件下，一方面，劳动者摆脱了特定人格依赖关系的束缚，人对自己的劳动以及自己的劳动产品拥有所有权，其人格是独立的。他们的商品交易或者说交换再也不受外在强制力量，譬如政治和暴力等的左右，"他们互相承认对方是所有者，是把自己的意志渗透到商品中的人格。因此，在这里第一次出现了人格这一法的因素以及其中包含的自由的因素。

---

① 《马克思恩格斯全集》第30卷，人民出版社1995年，第107页。

谁都不用暴力占有他人的财产。每个人都是自愿地转让财产"。①在这个意义上，劳动是自由的。

另一方面，"人格（Person）"一词在雅典戏剧中主要是指"面具"，其本义指在人的自然纽带、血统差别、政治宗法等中形成的"脸面"和"人际关系"等。共同体阶段下的交换就是这种人格之间的交换，就像《白鹿原》中鹿子霖和白孝文之间所发生的房屋和土地之间的交换那样，是看着对方的"脸面"和"人际关系"的交换。在这种"人际关系"中的人格具有特定的规定性，譬如封建主和臣仆、地主和农奴，或种姓成员和等级等还予以保持着。但是，在市民社会的条件下，由于劳动的目的改为交换价值，交换双方本身所具有的人格性特征变得无足轻重。按照望月清司的说法，所有的人都被"抹去了个体'脸面'"，被"贴上了商品的私有者这样一种毫无特征的抽象标签"。②对进行交换的商品生产者来说，无论是鹿子霖还是白孝文，都只能是生产交换价值的交换主体，双方原来所具有的政治的、宗法的社会背景将失去意义，在这

---

① 《马克思恩格斯全集》第30卷，人民出版社1995年，第198页。
② ［日］望月清司：《马克思历史理论的研究》，韩立新译，北京师范大学出版社2009年，第258页。

个意义上，交换双方是绝对平等的。

其实交换中人格上的平等来源于交换价值本身。我们知道，交换价值是抽象掉了劳动产品中特殊性和个性的普遍性存在，它本身意味着相等性，它不以某个生产者的主观意志为转移，是由所有生产者在无意识中形成的一种"平衡"和"对等性"。交换价值的存在，为整个社会遵守"交换的正义"提供了客观的基础。可以这样说，没有交换价值，没有以普遍的交换价值为制度，就没有近代市民社会的自由与平等。马克思深刻地洞察到这一点，他曾这样写道：

如果说经济形式，交换，在所有方面确立了主体之间的平等，那么内容，即促使人们去进行交换的个人和物质材料，则确立了**自由**。可见，平等和自由不仅在以交换价值为基础的交换中受到尊重，而且交换价值的交换是一切**平等**和**自由**的生产的、现实的基础。作为纯粹观念，平等和自由仅仅是交换价值的交换的一种理想化的表现；作为在法律的、政治的、社会的关系上发展了的东西，平等和自由不过是另一次方上的这种基础而已。而这种情况也已为历史所证实。这种意义上的平等和自由恰好是古代的自由和平等的反面。①

在马克思看来，以交换价值为基础的交换，至少在形式上满足了近代市民社会的理念，即《人权宣言》和《独立宣言》所宣扬的"法律的、政治的、社会的关系上"的自由与平等的真实基础。相对于古代共同体而言，这种建立在交换价值基础上的自由与平等制度，无疑是一种巨大的历史进步。正因为如此，资产阶级学者往往都把这一制度看作是人类的理想。

（三）"领有规律的转变"理论

但是，在现实中我们所看到的却是一种完全相反状况：大部分劳动者一无所有，而所有者不劳动却拥有了一切；社会中出现了极端的贫富差距，出现了雇佣工人和资本家之间的对立，平等的市民关系被无产者和资产者之间的阶级关系所取代。换句话说，在交换价值基础上建立起

---

① 《马克思恩格斯全集》第30卷，人民出版社1995年，第199页。

来的自由与平等理念，在现实中并没有得到真正实现。既然大家都是等价交换，按劳分配，那么为什么还会出现贫富不均呢？资产阶级学者往往把造成这一状况的原因归结为人的天赋上的差异以及其他偶然因素。而在马克思看来，这是因为"在现存的资产阶级社会的总体上，商品表现为价格以及商品的流通等等，只是表面的过程，而这一过程的背后，在深处，进行的完全是不同的另一些过程，在这些过程中个人之间这种表面上的平等和自由就消失了"。①所谓的"另一些过程"主要是指"资本和劳动相交换"。通过这一交换，现存的简单流通关系必然会发展到资本主义生产过程。在资本主义生产过程中，资本家让工人为自己生产剩余价值，而工人则没有获得他那应得的部分，在看似平等的交换中实现的却是不等价交换。这才是被简单的商品流通所遮盖的那一真实的过程。马克思所要做的，就是"说明工人和资本家之间实质上的非等价交换究竟是怎样在等价交换的基础上进行的"。②

其实，关于资本家剥削工人这一事实，马克思早在《巴黎手稿》中就曾用异化劳动概念做过说明，对"资本

---

① 《马克思恩格斯全集》第30卷，人民出版社1995年，第202页。
② 《马克思恩格斯全集》第30卷"前言"，人民出版社1995年，第5页。

和劳动的交换"的不等价问题,马克思也早在《哲学的贫困》中就开始研究,到了《资本论》更是用剩余价值理论予以了科学证明。这些内容是读者所熟知的,当然《大纲》中也不缺少这些内容,这里需要强调的是,《大纲》中还有一个极富特色的"领有规律的转变"理论,通过它,马克思成功地说明了为什么以交换价值为基础的等价交换变成了非交换或者不等价交换。前面说过,市民社会相对于古代共同体的进步在于,劳动者对自己的劳动以及劳动产品拥有所有权,即建立起了"劳动和所有权的同一性"原则,这被马克思称作"第一条领有规律"。但是,在资本家购买到劳动者开始资本主义生产过程以后,出现了"劳动=创造他人的所有权,所有权将支配他人的劳动"的状况[1],这一"劳动和所有权的分离"原则被马克思称作"第二条领有规律"。从"第一条领有规律"向"第二条领有规律"的转变意味着:曾经天经地义的"劳动所有权"变成了劳动反而没有所有权;简单商品流通中的"等价交换"在资本和劳动两者之间却变成了绝对的"不等价交换"。这就是所谓的"领有规律的转变"。

---

[1] 《马克思恩格斯全集》第30卷,人民出版社1995年,第192页。

之所以会出现"领有规律的转变",是由"资本的两次循环"理论造成的。"资本的两次循环"理论出现于"资本章"中的"资本的原始积累"一节以及该节前面的部分。所谓"资本的两次循环"是指潜在的资本家通过两次购买劳动力而完成的资本循环过程。具体说来,"第一循环"是指潜在的资本家用自己的"非剩余资本"(g_0)购买到劳动力和生产资料,通过第一次生产过程产生出"剩余资本Ⅰ"(g_1)的过程。资本的"第二循环"是指资本家将g_1再投入到生产过程,通过购买劳动力和生产资料生产出"剩余资本Ⅱ"(g_2)的过程。在"第一循环"结束时,最初投入的货币获得了增值,增值的部分来自雇佣工人所创造的剩余价值g_1。但是,这一g_1并没有返还到工人手中,而被资本家无偿地占有。g_1的存在,对工人来说,意味着工人丧失了自己对劳动成果的所有权;对资本来说,意味着资本确立起了自己的统治权,资本家可以凭借这一统治权开始"第二循环"。"第二循环"与"第一循环"相比,其性质已经发生了根本性的变化,"资本家不经过交换就领有他人劳动"。[①]从表面上看,此时的资本与雇佣劳动的

---

① 《马克思恩格斯全集》第30卷,人民出版社1995年,第449页。

交换遵循了等价交换原则，但由于资本中包括了"剩余资本Ⅰ"（g_1），因此这一交换可看作是用g_1交易劳动。换句话说，资本家付给工人的工资实际上是上一次循环中从工人那里无偿领有的剩余价值！这一交易，对资本来说，是资本家用他人的劳动成果再去换取他人的劳动；对工人来说，是工人用自己的劳动成果来购买自己的劳动。用他人的东西来交换他人，用自己的东西来交换自己，这已经不再是交换，而只能是"没有交换（Ohne Austausch）"[①]或者"非交换（Nicht Austausch）"。

"没有交换"或者"非交换"才是问题的关键。如果说，在交换价值的基础上进行等价交换是资本主义所标榜的平等或者说正义的话，那么在"第二循环"中所出现的资本和劳动的交换，使交换"成了**纯粹的假象**"[②]，违背了资本主义的正义承诺，这也正是马克思所说的，"在这些过程中个人之间这种表面上的平等和自由就消失了"的根本原因。可笑的是，资产阶级经济学家们却看不到这一点，他们要把较高级的资本主义生产关系混同于较低级的

[①] 另可参见《马克思恩格斯全集》第30卷，人民出版社1995年，第449页。Karl Marx, *MEGA*[②]Ⅱ-1, S. 366, 译文有改动。
[②] 《马克思恩格斯全集》第30卷，人民出版社1995年，第450页。

简单流通关系，来为资本主义的意识形态进行辩护。马克思写道：

既然迄今为止对货币关系的阐述是在其纯粹形式上进行的，并没有同发展程度较高的生产关系联系起来，那么，货币关系的规定的特点就在于：在从简单意义上来理解的货币关系中，资产阶级社会的一切内在的对立在表面上看不见了，因此，资产阶级民主派比资产阶级经济学家（后者至少是前后一贯的，以致他们会后退到交换价值的和交换的更简单的规定上去）更多地求助于这种简单的货币关系，来为现存的经济关系辩护。①

总之，正是通过"领有规律的转变"和"资本的两次循环"理论，马克思不仅揭示出了市民社会与资产阶级社会的本质差别，近代社会在本质上是资产阶级社会这一点，而且也说明了市民社会与资产阶级社会之间的内在矛盾，近代社会越是发展到它的高级阶段，它最初的自由和平等的理念就越是遭到否定。

---

① 《马克思恩格斯全集》第30卷，人民出版社1995年，第195页。

（四）"孤立的个人"与物象化

《大纲》的"导言"是从"在社会生产中的个人"开始的。

我们越往前追溯历史，个人，从而也是进行生产的个人，就越表现为不独立，从属于一个较大的整体……只有到18世纪，在"市民社会"中，社会联系的各种形式，对个人来说，才表现为只是达到他私人目的的手段，才表现为外在的必然性。但是，产生这种孤立个人（das vereinzelte Einzelne）的观点的时代，正是具有迄今为止最发达的社会关系……的时代。人是最名副其实的政治动物，不仅是一种合群的动物，而且是只有在社会中才能独立的动物。[1]

这里的"das vereinzelte Einzelne"实际上可以翻译为"个别化了的个人"，这样的个人首先是针对共同体中的人而言的。在市民社会以前，人从属于原始共同体或者家

---

[1] 《马克思恩格斯全集》第30卷，人民出版社1995年，第25页。

庭，处于普遍的人格性依赖关系——譬如奴隶或奴隶主、农奴或封建主——当中，个人并不独立。但是，随着市民社会的出现，个人开始从共同体中独立出来，成为一种个别化了的"经济人"。由于劳动变成营利劳动，生产的目的会从使用价值转为交换价值。当交换成为目的，人就不得不把自己同他人分离开来，成为一种排他性存在，"交换本身就是造成这种孤立化的一种主要手段"①。但是，要获得交换价值，他还必须将自己变成营利的手段，为他人生产交换价值。马克思写道："一旦事情变成这样，即人作为孤立的个人只和自己发生关系，那么使自己确立为一个孤立的个人所需要的手段，就又变成使自己普遍化和共同化的东西。"②也就是说，"孤立个人"反而是一个时时刻刻都在为他人生产的普遍性存在，"具有迄今为止最发达的社会关系"。

之所以会出现这种情况，首先是因为近代市民社会是一个以私人所有为前提的"分工的体系"。分工的本意是指"被分割的劳动"（英语是 division of labour，德语是 Teilung der Arbeit），即对作为整体性的社会劳动的"分

---

① 《马克思恩格斯全集》第30卷，人民出版社1995年，第489页。
② 《马克思恩格斯全集》第30卷，人民出版社1995年，第489页。

割",其中包含使劳动个别化的契机。但是仅仅有分工,就像我们在古代共同体中所看到的那样,并没有使人孤立化和个别化,反而使人们形成了更加紧密的共同体。在这个意义上,分工使人孤立化和个别化是需要有一定的条件的,这就是普遍的私有制的出现。是普遍的私有制使分工劳动出现了排他的"私人性质",从而真正造就了"**这种个人的孤立化,他在生产内部的单个点上独立化**"[①]。但是,另一方面,普遍的私有制下的分工又会使每一个个人比以往任何时候都必须与他人发生关系,成为普遍的社会关系性存在。因为,看似被分割了的个别化劳动中其实包含了无数的他人劳动,其劳动也都是他人劳动或者整个社会劳动的组成部分。劳动越被细分化,个人越孤立,反过来对他人的依赖性也越大。对此,斯密早就有所洞察,与分工会给人们带来孤立化的认识相反,他认为分工反而会使人们之间的结合与协作更加紧密。黑格尔继承了斯密的这一分工认识,把近代的市民社会概括为"**需要的体系**"[②]。在这一体系下,个人虽然以特殊性为自己的目的,"但是

---

① 《马克思恩格斯全集》第31卷,人民出版社1998年,第352页。
② [德]黑格尔:《法哲学原理》,范扬、张企泰译,商务印书馆2016年,第204页。

如果他不同别人发生关系，他就不能达到他的全部目的"①，因此以特殊性为目的的活动反而促成了普遍性的形成。因此，分工不仅不是割裂人们之间社会联系的罪魁祸首，相反还是把人们联系起来的纽带。尽管马克思在"导言"这段话的前面批评斯密把"单个的孤立的猎人和渔夫"看作是生产的"出发点"，并讽刺他们"属于18世纪的缺乏想象力的虚构"，但从实际上来看，他继承了斯密以及黑格尔关于分工的看法，从上述论述中可以看到斯密和黑格尔的影子。

其次，之所以会发生孤立的个人拥有最发达的社会关系的状况，还因为近代的市民社会是一个物象占主导地位的物象化体系以及人的普遍异化的制度。在共同体阶段，人与人处于直接的社会联系之中，譬如封建主和臣仆、地主和农奴，或种姓成员和等级的关系都是一种人格性关系。在人与物的关系上，人作为行为的发起者，是主动或主导的一方即主体，而物因无法自动转变为劳动产品，只能是受动的对象，人与物之间的关系是一种主客关系。但是，随着市民社会的出现，人们之间的社会联系会表现在

---

① ［德］黑格尔：《法哲学原理》，范扬、张企泰译，商务印书馆2016年，第197页。

交换价值上，人们由此会变成"毫不相干的个人（die gegeneinander gleichgültige Individuen）"①。人格之间的交往必须借助于商品和货币这样的"物象"（Sache）才能实现，我们可以把人格之间必须借助于物象才能完成相互依赖和相互补充的状态称为"物象化"（Versachlichung）。在物象化中，一方面，人格与人格之间的关系表现为物象和物象之间的关系；另一方面，人格和物象的地位也会发生颠倒，作为中介的物象会成为人格的主宰，呈现为对人类的胜利状态。而人格则开始对物象顶礼膜拜，就会出现商品拜物教和货币拜物教等。

近代市民社会就是这样一个物象化体系。但是，它对人类的发展而言也并不是完全消极和否定的。它把"人的依赖纽带、血统差别、教养差别"等限制人的发展因素全都粉碎。马克思说道："毫无疑问，这种物的联系比单个人之间没有联系要好，或者比只是以自然血缘关系和统治从属关系为基础的地方性联系要好。"②因为，在物象化的体系下，人格之间的社会联系表现在交换价值或者货币这样的物象身上，那么反过来说，人格是否独立及其能力的

---

① 《马克思恩格斯全集》第30卷，人民出版社1995年，第106页。
② 《马克思恩格斯全集》第30卷，人民出版社1995年，第111页。

大小就不再靠人格性关系来证明或者被人际关系所左右，而要借助于人格之外的物，譬如商品、交换价值和货币来证明。这种由外部物象来证明人格力量的做法，其实为人格的独立和全面发展提供了客观的前提。马克思写道：

他们只是物质上彼此为对方存在，这种情况在货币关系中才得到进一步发展，在这种关系中，他们的共同体本身对一切人来说表现为外在的，因而是偶然的东西。通过独立的个人的接触而表现的社会联系，对于他们同时既表现为物的必然性，同时又表现为外在的联系，这一点**正好表现他们的独立性，对于这种独立性来说，社会存在固然是必然性，但只是手段**，因此对个人来说表现为某种外在的东西，而在货币形式上甚至表现为某种可以捉摸的东西。①

不错，在物象化体系下，人格之间的社会联系表现为"物的必然性"和"外在的联系"，这毫无疑问是一种异化状态，未来的共产主义社会需要克服。但是，这种"物的必然性"和"外在的联系"也从根本上保证了个人可以通过

---

① 《马克思恩格斯全集》第31卷，人民出版社1998年，第354—355页。

物象来实现自身的价值，这就为那些试图靠自己的努力来获取成功的人提供了机会。而且，人格与人格之间的关系物象化得越彻底，个人越不受人身依附关系限制，获得独立性的机会越大。马克思的这种认识其实与黑格尔的异化理解相一致。通常，异化只意味着主体的自我丧失，异化对于主体而言是消极的和否定的。但是，黑格尔的异化与通常的理解不同，它不仅意味着主体的自我丧失，还意味着主体从异化中摆脱出来，向自我的复归。主体通过这一自我丧失和自我复归的过程，得到了锻炼，成长为更强大的存在。在这个意义上，异化是主体自我形成的积极环节。《精神现象学》中有这样一句名言："精神力量的大小只能跟它外化的大小一样，精神力量的深度也只能同它在展开过程中敢于扩展自己和敢于失去自己的深度一样。"[1] 如果把这句话应用到此处，那么也就是说，人把自己异化得越多，物象化的程度越深，人反而获得全面发展的可能性越大，会变得更加独立和强大。

总之，不是家庭等共同体中那样温馨的人身依赖关

---

[1] Georg Wilhelm Friedrich Hegel, "Phänomenologie des Geistes", *Georg Wilhelm Friedrich Hegel Werke 3*, Suhrkamp, 1986, S. 18. 参见黑格尔：《精神现象学》上，贺麟、王玖兴译，商务印书馆1996年，第6页。译文有改动。

系，而是市民社会中的物象化关系反而促进了个人的独立和全面发展。人格之间的依赖性关系越高，人对物的依赖关系就越低，个人的独立性越低，人的全面发展的可能性也越低；相反，人格之间的依赖性越低，人对物的依赖关系就越高，个人的独立性越高，人的全面发展的可能性也越高。也就是说，人格的依赖性与个人的独立性和全面发展呈现出一种反比例关系，相反，人对物的依赖关系与个人的独立性和全面发展倒是呈正比例关系。这是近代市民社会特有的辩证法。马克思总结道：

全面发展的个人——他们的社会关系作为他们自己的共同的关系，也是服从于他们自己的共同的控制的——不是自然的产物，而是历史的产物。要使**这种**个性成为可能，能力的发展就要达到一定的程度和全面性，这正是以建立在交换价值基础上的生产为前提的，这种生产才在产生出个人同自己和同别人相异化的普遍性的同时，也产生出个人关系和个人能力的普遍性和全面性。[①]

[①] 《马克思恩格斯全集》第30卷，人民出版社1995年，第112页。

（五）物化和"资本的文明化"作用

"货币章"所讨论的是简单的商品流通关系。当货币转化为资本以后，简单的商品流通将不得不进入"发展程度较高的生产关系"[①]领域，即资本主义生产关系层面。这就是"资本章"所要讨论的内容。如果说"货币章"揭示的是交换价值和货币在简单流通的世界中上升为主宰的过程的话，那么"资本章"所揭示的则是资本作为唯一的主体，横扫整个世界的过程。

资本主义生产的根本特征是"物化"（Verdinglichung）。这里的"物化"是指人格变成资本的客体或者资本的客观条件，是人变成物的过程。这是一个远比简单流通更为灾难深重的物的"胜利"过程。因为，在这一过程中，人格之间的关系不仅发生了物象化，人格与人格之间的关系颠倒为物象和物象的关系，更为严重的是，包括人的活劳动在内，世上的一切都被物化为资本，变成了资本的客体。在简单商品流通占主导地位的世界，交换价值和货币已经是一个主体性存在，并开始统治世界。而资本则

---

① 《马克思恩格斯全集》第31卷，人民出版社1998年，第347页。

是一个远在交换价值和货币之上的"最高次方"①。随着"货币转化为资本",资本不但继承了货币在世界中的地位,而且是一个远比货币更狠的角色,它不但要让人们对自己顶礼膜拜,而且还将人格或者活劳动当作客体,甚至将整个人类社会都物化为自己增值的客观条件。

本来,任何生产都是人的劳动和它的客观条件,包括资金和生产资料等的结合。生产的主体是人,而资金以及其他生产资料都是客体。但是,在资本主义条件下,这种结合采取了与以往不同的方式:首先,人格与它的客观条件的结合采取了间接的方式,被结合的人并不是劳动的客观条件的所有者;而所有者却是拥有劳动者的客观条件即资本。其次,在资本主义生产中,资本是生产的主体,生产的组织者。活劳动失去了主体地位,它只有臣服于资本,必须物化为资本或资本的客观条件,成为资本进行生产的一个部分。传统中作为主体的人格实际上是与其他生产资料一道共同服务于作为主体的资本,构成资本增值的客体因素。如果人变成像其他生产资料那样的客观条件可称作"物化"的话,那么在资本主义条件下,人恰恰是以

---

① 《马克思恩格斯全集》第30卷,人民出版社1995年,第293页。

物化的方式实现了与资本的结合。再次，人的劳动这种客观条件不同于其他的客观条件，譬如土地以及机器等生产资料和生产工具等，"劳动是酵母，它被投入资本，使资本发酵。一方面，资本借以存在的对象性必须被加工，即被劳动消费；另一方面，作为单纯形式的劳动，其纯粹主体性必须被扬弃，而且劳动必须被对象化在资本的物质中"。[1]也就是说，在每一个具体的劳动过程中，劳动者还必须承担起创造剩余价值的主体角色，为资本的统治带来更多的利益。最后，"物化"是劳动者无法摆脱的命运。马克思写道："一方面，劳动的条件成为资本的客观组成部分，另一方面，劳动本身成为被并入资本的活动力，所以，整个劳动过程表现为资本本身的过程。"[2]活劳动要想现实化，只有先把自己物化为资本。"作为这种**当前的劳动**，劳动本身已经被并入资本，成为资本的一个要素。因而，劳动的这种保存力表现为资本的**自我保存力**。"[3]人格只有物化为资本或者资本增值的客观条件，它才具有生命力，才能被保存下来。而一开始情况似乎相反，作为物的

---

[1] 《马克思恩格斯全集》第30卷，人民出版社1995年，第256页。
[2] 《马克思恩格斯全集》第31卷，人民出版社1998年，第231页。
[3] 《马克思恩格斯全集》第30卷，人民出版社1995年，第332页。

资本只有被活劳动所利用，与劳动相连，它才具有生命力，否则它只能是一堆废铜烂铁和废纸。这种颠倒反映了资本主义条件下人的深重的异化状态。

资本不仅通过资本主义生产，把包括活劳动在内的一切都变为资本增值的客观条件，而且它还通过资本的流通将世间的一切事物都卷入到资本之中，僭越为创造文明的主体。资本不但是生产的主体，资本还是流通的主体。在生产过程中，"资本要**增值价值**，即保存自己的价值并使之倍增，首先必须从货币形式过渡到使用价值形式（原料—工具—工资）；但是，这样它就丧失了价值的**形式**"①。马克思把资本丧失其货币形式转而采取"商品形式"或者"产品形式"称为"**价值丧失**"②，资本要想实现自己在生产过程中创造出来的价值，还必须把在生产中生产的商品卖出去，即"必须重新进入到流通，才能重新取得这种一般的财富形式"即货币形式，否则就无法实现"增值价值"。如何保持价值增值而非价值丧失，是资本的最高使命。这也是"资本的流通过程"所要解决的根本问题。

但是，资本解决流通过程这一问题要远比生产过程困

---

① 《马克思恩格斯全集》第30卷,人民出版社1995年,第382页。
② 《马克思恩格斯全集》第30卷,人民出版社1995年,第382页。

难得多。因为，在生产过程中资本实际上处理的是资本和雇佣劳动的关系，这是比较容易掌控的，但是在流通过程中，由于它超出了"资本和雇佣劳动的关系"，脱离了资本所能掌控的范围，而且还要受到来自人"对商品的需要"和商品的"等价物的存在"的限制①。即如果没有对商品的需要，资本家生产出再多的剩余价值也无法实现。资本必须想尽一切办法去刺激消费，通过生产力和科学创造出无论是质还是量上无限多样的产品来。此外，资本要实现剩余价值，还必须在其他地方找到能够与它进行交换的剩余等价物或者剩余货币。也就是说，它必须创造出新市场，扩大自己的流通范围，而且要不断扩大，直至创造出一个普遍的世界市场。

因此，资本一方面具有创造越来越多的剩余劳动的趋势，同样，它也具有创造越来越多的交换地点的补充趋势：……从本质上说，就是推广（propagieren）以资本为基础的生产或与资本相适应的生产方式。创造**世界市场**的趋势（die Tendenz den Weltmarkt zu schaffen）已经直接包

---

① 《马克思恩格斯全集》第30卷，人民出版社1995年，第384页。

含在资本的概念本身中。任何界限都表现为必须克服的限制。①

在这一扩张的过程中，资本还要破坏旧的生产的方式，"要以资本为基础的生产代替以前的、从资本的观点来看是原始的生产方式"②，将各种社会形态都同化为资本主义社会，将全球一体化为资本的社会。这是资本本性上的要求。具体而言，首先，资本是以城市里的工业为根据地，将整个农业部门都变为原材料的产地和工业产品的市场，通过城市和农村的对立，在落后地区和农村进行原始积累。然后将资本主义生产以前的各种生产方式彻底解体，将劳动转变为雇佣劳动，在一个国家内部建立起资本主义的生产方式。其次，资本还会超出民族国家的范围，向非西欧的不发达国家入侵，将不发达国家落后的生产方式解体，通过对这些国家的剥削和不等价的贸易，将它们变为西欧资本主义的附庸，成为资本主义的原料生产国和工业品的销售地。"（1）资本的必然趋势是在一切地点使生产方式从属于自己，使它们受资本的统治。在一定的民

---

① 《马克思恩格斯全集》第30卷，人民出版社1995年，第388页。
② 《马克思恩格斯全集》第30卷，人民出版社1995年，第388页。

族社会内部,从资本把所有劳动都变为雇佣劳动这一点上已经可以看到,这种情况是必然的;(2)在国外市场方面,资本通过国际竞争来强行传播自己的生产方式。"①但是,被征服的资本主义从属国,并非是一个与英国同质同型的资本主义国家,马克思还特地举出了当时的英国把中国纳入到自己资本流通范围的例子,指出当英国把中国纳入自己的资本流通范围时,"中国人无须为此而作为资本家来进行生产"。②

尽管资本这种"创造**世界市场**的趋势"给不发达国家带来了苦难,但是它也有其积极的一面,即它有使世界"**文明化趋势**"(Zivilisierende Tendenz)③,使世界进入到一个崭新的社会发展阶段。马克思写道:

因此,只有资本才创造出资产阶级社会,并创造出社会成员对自然界和社会联系本身的普遍占有。由此产生了资本的伟大的文明化作用;它创造了这样一个社会阶段,与这个社会阶段相比,一切以前的社会阶段都只表现为人

---

① 《马克思恩格斯全集》第31卷,人民出版社1998年,第128页。
② 《马克思恩格斯全集》第31卷,人民出版社1998年,第128页。
③ 《马克思恩格斯全集》第30卷,人民出版社1995年,第395页。

类的**地方性发展**和**对自然的崇拜**。①

资本拥有这样一种普遍化的趋势,它要将世界上的一切国家和地域都纳入资本的势力范围,在它的势力范围内,它会突破民族国家的界限,将一切闭关自守安于现状的传统的生活方式摧毁,"摧毁一切阻碍发展生产力、扩大需要、使生产多样化、利用和交换自然力量和精神力量的限制"②,将整个世界都变成资本的市场,从而使世界变成资本的世界。

(六) 对资本的反抗

由于这一普遍性倾向,资本必将带来生产力的发展和整个世界的文明化。在这一点上,资本有其积极的一面。但是,随着它的无序扩张,资本将不得不走向自我停止甚至自我毁灭。马克思写道:"资本不可遏止地追求的普遍性,在资本本身的性质上遇到了限制(Schranke),这些限

---

① 《马克思恩格斯全集》第30卷,人民出版社1995年,第390页。
② 《马克思恩格斯全集》第30卷,人民出版社1995年,第390页。

制在资本发展到一定阶段时,会使人们认识到资本本身就是这种趋势的最大限制,因而驱使人们利用资本本身来消灭资本。"[1]这是资本无法摆脱的历史命运,当资本的普遍化倾向达到顶点时,资本将不可避免地遭遇到来自自身的限制,会反过来抑制生产力的发展,甚至会破坏生产力。马克思把这种"限制"称为"资本的特殊的局限性"[2]。其典型表现是因生产过剩所引起的经济危机,在《大纲》中马克思也多次提到这一点。不过,在这里我们主要介绍一下紧跟着前述"资本的文明化作用"后面而列出的那四种局限性:

(1)必要劳动是活劳动能力的交换价值的界限;(2)剩余价值是剩余劳动和生产力发展的界限;(3)货币是生产的界限;(4)使用价值的生产受交换价值的限制。[3]

这四种"界限"的核心是前两种,因为后两种在某种意义上可以归结为前两种。首先,关于"(1)必要劳动是活

---

[1] 《马克思恩格斯全集》第30卷,人民出版社1995年,第390—391页。
[2] 《马克思恩格斯全集》第30卷,人民出版社1995年,第391页。
[3] 《马克思恩格斯全集》第30卷,人民出版社1995年,第397页。

劳动能力的交换价值的界限"。雇佣工人不仅是自己劳动力的贩卖者,而且是生活资料的购买者。他的购买力越大,对资本而言,剩余价值的实现所需要的交换市场就越大。但是,资本为获得更多的剩余价值,却尽可能降低活劳动能力的交换价值,即工人的工资,这样做的结果,就是使交换市场缩小,使剩余价值无法实现。因此,要改变这一状况,资本家就需要让劳动者获得更多的工资,而这与资本的逐利本性相矛盾。

其次,关于"(2)剩余价值是剩余劳动和生产力发展的界限"。资本的本性是想尽一切办法扩大剩余劳动,而剩余价值的实现又要受人们的需要和购买能力的限制。当工人工资无法购买实现剩余价值的商品时,剩余劳动就无法转变为剩余价值。这样一来,资本就只有将剩余劳动时间限制在可以实现价值增值的范围之内。也就是说,出于价值增值的本性,它又不得不限制剩余劳动时间。由于剩余劳动时间跟生产力直接有关,资本需要通过提高生产力来追求相对剩余价值,然而这会带来更多的无法实现的剩余价值。"资本本身在其历史发展中所造成的生产力的发展,在达到一定点以后,就会不是造成而是消除资本的自行增值。"①因此，资本又不得不限制生产力的发展。生产力的发展和价值增值之间呈现为矛盾状态。

总之，资本的本性是追求剩余价值，当它把这一本性最大化时，它又不得不遇到自身的限制。这是资本无法克服的自身的矛盾。反映在对生产力的态度上，它一方面极力促进生产力的发展，无限地扩大劳动生产力和价值创造；另一方面又要限制生产力的发展，为自己设置界限。资本的普遍化倾向（积极性）越大，其"资本的特殊的局限性"也就越大，两者是相伴相生的。资本就是这样一个矛盾体，自我扩张而又自我限制，自我发展而又自我毁灭。

如果说资本本身的这一矛盾是对资本的第一种反抗的话，由资本和雇佣劳动之间的对立、对峙甚至对抗可看作是对资本的第二种反抗。在《大纲》中，马克思不仅发现了资本与生产力之间的矛盾，而且还发现了资本和劳动之间不可调和的矛盾。资本由于其剥削剩余价值的本性，它的任何增值都不可避免地增大劳动与资本之间的对抗。马克思写道：

---

① 《马克思恩格斯全集》第31卷，人民出版社1998年，第149页。

文明的一切进步，或者换句话说，**社会生产力**的一切增长，也可以说**劳动本身的生产力**的一切增长，如科学、发明、劳动的分工和结合、交通工具的改善、世界市场的开辟、机器等等所产生的结果，都不会使工人致富，而只会使**资本**致富；也就是只会使支配劳动的权力更加增大；只会使资本的生产力增长。因为资本是工人的对立面，所以文明的进步只会增大支配劳动的**客体的权力**。[①]

也就是说，正如"领有规律的转变"所示的那样，资本的发展总是会在使资本家富有的同时，使劳动者一无所有；在使资本家成为统治者的同时，使劳动者彻底丧失权利，成为被统治者。两者之间不可能不出现对抗，而这种敌对的对抗关系又不可能和平解决，那就只有通过劳动者反抗资本家的斗争，通过革命来消灭资本的方式最终解决。这也是自《巴黎手稿》《共产党宣言》以来，马克思一直所主张的。如果说，前一种对资本的反抗是一种来自资本本身必然性矛盾的限制的话，那么这第二种反抗则是由劳动者自我意识觉醒而产生的反抗。

[①] 《马克思恩格斯全集》第30卷，人民出版社1995年，第267页。

劳动者的自我意识显然涉及革命主体的问题。近年来，国际上出现了将《大纲》解释成不同于《资本论》的主体性逻辑的代表作，认为《大纲》的主旋律是揭示资本和劳动对抗，工人阶级是反抗资本的革命主体，他们通过斗争夺回对使用价值的支配权。如果这一提法换成这里的主题，即认为《大纲》的主题是描绘第二种反抗，而非描述第一种反抗的《资本论》的逻辑。这一主张的代表人物是奈格里，他曾这样写道：

对《大纲》的解读促使我们去辨识这个文本与马克思其他文本（尤其是同《资本论》）之间的异质性，而不是同质性。相反地，《资本论》或许也仅仅是马克思理论分析的一个部分而已，当然这并不是说《资本论》是不重要的。不管怎样，它的有效性应当被限制在它自身范畴的陈述之中并在其中被转化。……《资本论》中范畴的客体化阻碍了革命主体性的行动。我们马上将会看到，《大纲》是一个确立革命主体性的文本，情况不正是这样的吗？[1]

---

[1] ［意］奈格里:《超越马克思的马克思》，张梧、孟丹、王巍译，北京师范大学出版社2011年，第24—25页。

在奈格里看来,《大纲》同《资本论》的差异主要体现在"《大纲》为了分析资本过程中的革命主体性,构建了主体性的路径"①,而《资本论》则仍然是以资本与其生产力之间的"客体化"矛盾为核心的,缺少"确立革命主体性"的逻辑,在思想高度上不及《大纲》,这也是他将《大纲》解读著作命名为《超越马克思的马克思》(*Marx Beyond Marx*)的主要原因。

的确,资本与生产力的冲突并不能自动地导致共产主义革命,再加上由于当代资产阶级国家的经济政策,对资本的第一种反抗并没有凸显出来,经济危机得到了不同程度的回避。为了解决革命的问题,奈格里反对把资本和劳动的矛盾看作是可以通过辩证法调和的,主张只有通过以工人阶级为主体的反抗才能结束资本主义。为此,他将《大纲》看成支持自己这一主张的主要文本。这种《大纲》解释从当代发达资本主义国家的共产主义实践出发,在某种意义上是可以理解的。但是,他将《大纲》与《资本论》对立起来,甚至将《大纲》只视为对第二种反抗的描述,则与《大纲》的文本事实不符。在我看来,在对资本

---

① [意]奈格里:《超越马克思的马克思》,张梧、孟丹、王巍译,北京师范大学出版社2011年,第27页。

与其生产力之间矛盾的描述上,《大纲》和《资本论》并无实质性区别,两者的主线都是对资本的第一种反抗的阐述,第二种反抗充其量是一条伏线,或者说是以第一种反抗为前提的副线。

当然,这两条线索并不是非此即彼的关系,两条线索都是对资本的反抗。问题是这里存在着一个历史唯物主义的方法论问题。仅仅从第二种反抗出发来解释资本主义的历史定位,往往会导致激进的主观性逻辑,这并不符合《大纲》思想的客观性内容。马克思与空想社会主义的最大区别,在于从资本与生产力之间的内在矛盾出发去揭示资本主义的历史命运和必然性,这也是《大纲》着重考察"资本的特殊的局限性"的主要原因。而奈格里反对马克思的这一做法。他说:"向共产主义的转变不单单包括经济发展史的维度,而是主要由基于折磨和痛苦之积累的革命意志,及其对革命渴望的主观表达,还有剥削的消失构成。这一转变过程不是经济学家所研究和展示的量变过程,这一转变是一个我们自身矛盾运动的主观过程。"[1]试图用一种"主观过程"来取代"客观运动"。但是,在历

---

[1] [意]奈格里:《超越马克思的马克思》"中文版序言",张梧、孟丹、王巍译,北京师范大学出版社2011年,第3页。

史唯物主义中"客观过程"具有优先性。抛开"客观过程",孤立地夸大"主观过程"的历史意义,实际上是一种空想社会主义式的尝试。对此,马克思在《大纲》中早就警告过:"如果我们在现在这样的社会中没有发现隐蔽地存在着无产阶级社会所必需的物质生产条件和与之相适应的交往关系,那么一切炸毁的尝试都是唐·吉诃德的荒谬行为。"[1]总之,奈格里对《大纲》的解读更多是出于革命实践的需要,从这点来看,与其说他是一位学院派的理论家,还不如说是一位活跃在一线的革命家。

除了上述第一种和第二种反抗以外,对资本还存在着第三种反抗,即来自非资本主义生产方式或者说资本主义以前的生产方式的反抗。作为一个事实,马克思在《大纲》中尽管也涉及了中国、印度以及爱尔兰等当时落后地区的独特性问题,但是他的理论重心基本上是在资本的世界市场化和文明化趋势上,在这个意义上,《大纲》的理论本质是一种普遍的世界历史理论。在这种视角下,农业、土地所有制以及资本主义以前的生产方式对资本的反抗作用被削弱。针对《大纲》的这一倾向,一些日本的马

---

[1] 《马克思恩格斯全集》第30卷,人民出版社1995年,第109页。

克思主义者根据马克思晚年的著述和摘录笔记，强调非资本主义的生产方式对资本主义全球化的反抗问题。早在20世纪六七十年代，山之内靖就从当今世界所面临的环境危机、非西欧世界的发展问题等出发，认为应该关注《1844年经济学哲学手稿》中马克思对费尔巴哈唯物主义的吸收，强调马克思的自然主义思想[①]，以削弱《大纲》中存在的"西欧中心主义""黑格尔的观念""生产力主义"的问题[②]。近年来，平子友长根据新MEGA第Ⅳ部门撰文对小农和小经营给予重新评价，认为马克思晚年用小农和小经营对抗市民社会，并已经放弃了西方中心史观，对《大纲》中普遍的世界史视角予以了纠正。[③]

总之，近代资本主义社会是由市民社会和资产阶级社会这一双层结构组成的，因此在这一社会内部也会呈现出两种不同的倾向。一种是积极的市民社会倾向；另一种是

[①] ［日］山之内靖：《受苦者的目光——早期马克思的复兴》"序章"，彭曦、汪丽影译，北京师范大学出版社2010年。
[②] 山之内靖「個体的所有範疇の再審——疎外論の再構成をめざして——」『経済評論』1978年11月号。
[③] 平子友長「コラム『資本論』後のマルクス」、「7 資本の蓄積過程と貧困化」、渡辺憲正ら編『資本主義を超えるマルクス理論入門』所収、大月書店2016年。

消极的资产阶级社会倾向：一方面，市民社会实现了形式上的自由与平等；另一方面，资产阶级社会又通过"领有规律的转变"，又取消了这一自由与平等，实际上是一种非正义的社会制度。资本主义社会一方面使每一个人都变成排他的"孤立人"；另一方面，它又使这些人成为一种普遍性的社会存在。而这一切，都是在人的异化、物象化和物化的过程中实现的。没有这些，事实上就无法为人的全面发展提供前提。资本就是在这样的情况下，按照其本性不可遏制地追求自己的普遍性和绝对性，在给世界带来了文明化倾向的同时，又不得不面临自身的限制。这是资本主义社会无法摆脱的内部矛盾，或者用马克思的话说，"资本的逻辑又是一种自我实现伴生自我毁灭的逻辑"。这一逻辑将最终导致资本主义的灭亡。这是《大纲》的主要内容。

三、理论地位："中期马克思"的代表作

上述的内容也反映了《大纲》的一个特点，即同马克思的其他作品相比，其论题要广泛得多。麦克莱伦曾有一个著名的评价，即"《大纲》比其他任何著作更多地包含了马克思各方面思想的总结。……从某种意义上说，马克思的著作没有一部是完整的，而《大纲》则是其中最完整的一部"。①的确，《大纲》既包括马克思早期关心的问题，又包括成熟时期政治经济学批判的体系，是对到《大纲》为止马克思思想的一个总结，同时也是之后《资本论》创作的前提和基础。在这个意义上，《大纲》是一部承上启下的中期马克思的代表作。

在这里，我们使用了"中期马克思"这一说法。首

---

① ［英］戴维·麦克莱伦：《政治经济学批判大纲（英文节译本）》"序言"，《马克思主义研究书讯》1984年第11期，第7页。

先，按照马克思思想形成史的一般划分，马克思的思想可以分成"早期马克思"和"晚期马克思"两个阶段：所谓"早期马克思"是指到1844年《巴黎手稿》为止的阶段；而"晚期马克思"是指19世纪60年代后期的《资本论》阶段。阿尔都塞曾将早期阶段的思想特征概括为"意识形态"；将后期的思想特征概括为"科学"，并认为两者之间存在着断裂。而《大纲》的出现，恰好弥补了这一断裂，使两者能够统一起来，形成一个完整的思想链条。因为，从内容上看，一方面，《大纲》是《巴黎手稿》以来马克思的政治经济学批判理论的进一步发展；另一方面，它又是成熟时期《资本论》体系的草图，处于早期马克思与晚期马克思的结合处，是连接两者的中介。遗憾的是，从1939年首次出版以来，《大纲》所具有的这一中介意义长期以来没有引起足够的重视，而仅仅被当成是一部向《资本论》体系过渡的著作。这一状况20世纪60年代才得到改变。《大纲》的英译者尼古拉斯比较早地注意到了《大纲》的中介作用，称之为"失去的一环（the missing link）"，认为这是一个《不为人知的马克思》[①]；英文摘

[①] M. Nicolaus, "The Unknown Marx", *New Left Review*, No. 48, 1968.

译本的译者麦克莱伦在1970年也发表了《马克思和失去的一环：〈大纲〉的重要性》一文①，也强调了《大纲》对于连接早期和晚期马克思的作用，我们在后面将看到，他们的观点受到了《大纲》研究的重镇日本的学者的支持。

其次，说《大纲》属于"中期"马克思的代表作，是为了强调它有别于《资本论》的独特价值。早期的《大纲》研究只从《资本论》创作史的角度来看待《大纲》。《大纲》被看成《资本论》的第一稿，或者被看成《政治经济学批判》的第一部草稿。这样一来，《资本论》就被当作评判《大纲》的尺子，《大纲》被视作在理论的成熟度和理论完整性上都远不如《资本论》的作品。这样一来，《大纲》的独特价值就必然被低估了。从这一角度研究《大纲》的人包括《大纲》原文的编者，以及罗斯多尔斯基和日本学者高木幸二郎、杉原四郎等人。《大纲》编者按照《资本论》的篇章结构给《大纲》加了标题，而罗斯多尔斯基则对比了《大纲》与《资本论》各个章节之间的差异，以《资本论》为最终形态考察了马克思的经济理论向《资本论》的生成过程，并将自己的《大纲》解读著

---

① D. Mclellan, "Marx & the Missing Link : On the Importance of the 'Grundrisse'", *Encounter*, November 1970.

作命名为《马克思〈资本论〉的形成》[①]。高木幸二郎、杉原四郎等人也从价值、货币、流通、再生产和经济危机等《资本论》的角度来研究《大纲》，把《大纲》称作"经济原论"或者"原资本论"。

从这一角度对《大纲》的研究催生了《政治经济学批判》"写作计划"变更问题。作为一个事实，马克思从最初的《政治经济学批判》计划到最后的《资本论》，曾几次变更自己的写作计划。那么，《政治经济学批判》计划与后来的《资本论》结构是否有原则性差异，或者说《资本论》在多大程度上实现了最初的《政治经济学批判》计划，这就是所谓的"写作计划"问题。这一问题最早是由亨·格罗斯曼在1929年提出的。他在《马克思〈资本论〉的原始结构变化及其原因》一文中提出，1867年出版的《资本论》放弃了1859年《政治经济学批判》的六册计划，而采取了一个全新的四册构成计划，即"资本的生产过程""资本的流通过程""资本的总过程""剩余价值学说史"。这一变化的时间节点是在1863年，即马克思在研究再生产理论时。这一计划变更，使得《政治经济学批判》

---

① ［德］罗曼·罗斯多尔斯基:《马克思〈资本论〉的形成》，魏埙等译，山东人民出版社1992年。

和《资本论》在方法论上发生了变化，即从重视"素材的角度"转向了"认识的角度"①。亨·格罗斯曼的观点一经提出，就获得了譬如卢森贝等马克思主义经济学家的支持，甚至一度成为苏联东欧马克思主义经济学的主流观点。但是，这一观点也招致了广泛的批评，欧洲有欧·莫尔夫和贝伦斯等人，在日本也有很多批评者。譬如，第二次世界大战前，日本的久留间鲛蔵就在《为确认马克思的危机理论而作》一文中提出，格罗斯曼的说法无论是在理论根据还是在资料的阅读上，都存在着重大的缺陷，认为从1859年《政治经济学批判》到《资本论》，马克思的"写作计划"并没有实质性的变更②。马克思主义文献学家佐藤金三郎支持这一看法，他也认为"《政治经济学批判》和《资本论》之间在方法论上不可能有原则性变更"③。

---

① Vgl. H., Crossmann, "Die Änderung des ursprünglichen Aufbauplans des Marxschen "Kapital" undihre Ursachen", *Archiv für die Geschichte des Sozialismus und der Arbeiterbewegung*, hrsg. von Dr. Carl Grünberg, Bd. XIV, Heft 2, 1929. S.319f.
② 久留間鮫蔵「マルクスの恐慌論の確認のために」(1930年)久留間鮫蔵『新増補版　恐慌論研究』大月書店、1965年所収。
③ 佐藤金三郎「『資本論』の成立」佐藤金三郎ら編『資本論を学ぶ』(Ⅰ)、有斐閣選書、1977年、12頁。

诚然,《大纲》具有《资本论》草稿的特征。譬如,从篇章结构上看,《大纲》的结构与《资本论》具有类似性。但是,我们不能简单地将《大纲》置于《资本论》的框架之下。因为,《大纲》包括了远非《资本论》所能容纳的丰富内容,譬如包括了很多从《资本论》生成史角度无法发现的"被遗忘的视角和概念":"所有制""市民社会"和"交往"等。如果不能给予《大纲》独立的地位,这些闪光的思想和概念就有可能被《资本论》的经济体系所淹没,失去其应有的价值。提出这一问题的代表人物是日本学者平田清明。他指出:

作为本稿考察的素材［《大纲》］,即19世纪40年代=早期马克思与写作《资本论》阶段的马克思的媒介,即50年代=中期马克思构筑体系的手稿。当对于中期马克思的内在性研究最终完成之时,《资本论》阶段的马克思将会沐浴新光再行登场。①

---

① ［日］平田清明:《循环=积累与历史认识》,陈浩译,《当代学者视野中的马克思主义哲学日本学者卷》,韩立新主编,北京师范大学出版社2014年,第81页。

因此，应该以一个"中期马克思"概念来独立地研究《大纲》。为此，他还指出了《大纲》有别于《资本论》的几个重要特征：(1) 对生产过程与流通过程的这种自在的统一把握；(2) 积累理论并未放在一个独立主题下加以展开；(3) 正如从流通过程理论在构成篇幅上最为庞大这一点上也可以看出，流通过程理论是马克思最大的关注点；(4)《大纲》的原始积累理论，则直接包含资本主义生产以前的各种生产形式的解体，也就是说包含对《资本主义生产以前的各种形式》的批判性检讨。[①]对这些特征的探讨，不仅构成了独立研究《大纲》的理由，也成为"中期马克思"研究范式的主要内容。

值得注意的是，"中期马克思"概念的提出在日本还催生了一个"市民社会派马克思主义"学派。该派的代表人物除了平田清明以外，还包括望月清司、内田弘、山田锐夫、森田桐郎等人，他们从20世纪60年代以来，发表了一系列有关《大纲》的研究成果，包括平田清明的《市民社会和社会主义》《经济学和历史认识》，望月清司的《马克思历史理论的研究》，森田桐郎、山田锐夫编《解说

---

① ［日］平田清明:《当代学者视野中的马克思主义哲学日本学者卷》，韩立新编，北京师范大学出版社2014年，第83—85页。

〈政治经济学批判大纲〉（上下）》，内田弘《〈政治经济学批判大纲〉的研究》和《中期马克思的经济学批判》，以及山田锐夫《经济学批判的近代像》等。其中，望月清司的《马克思历史理论的研究》和内田弘《〈政治经济学批判大纲〉的研究》《中期马克思的经济学批判》已经被翻译成了中文。我们通过这些研究成果，不仅可以了解"中期马克思"范畴下的《大纲》研究，还可以了解国际上《大纲》研究所达到的水平。一句话，我们今天对《大纲》的研究，应该采取"中期马克思"的视角，只有这样，才能产生出更多和更好的成果来。

四、研究史:《大纲》研究的三个阶段

从整体上看,国际上对《大纲》的研究可分为三个时期:第一个时期是1939年至20世纪60年代中期,可称为《资本论》形成史视野下的《大纲》研究;第二个时期是20世纪60年代中期至20世纪70年代中期,可称为"中期马克思"视阈下的《大纲》研究;第三个时期是20世纪70年代中期以后的全球视野下的《大纲》研究。下面,我们对这三个时期做一个简单的梳理和评述。

(一)第一个时期:《资本论》形成史视野下的《大纲》研究

《大纲》原文文本最早于1939(正卷)和1941年(补

卷）在莫斯科出版，但由于当时正赶上第二次世界大战，该版本几乎没进入流通领域就销声匿迹了。二战结束以后，马克思恩格斯列宁研究院修订了这一版，并于1953年由东德的狄茨出版社重新出版①，这就是后来在世界上广为流行的《大纲》版。《大纲》刚出版时，与马克思的其他手稿相比，并没有引起人们的多大关注，直到20世纪60年代《大纲》才逐渐进入人们的视野。

在世界范围内，日本是最早翻译《大纲》的国家。在1947年，《大纲》中那著名的一节"资本主义生产以前的各种形式"（以下简称"各种形式"）就已经被翻译介绍到日本。不过，当时的日译本是以"各种形式"的俄文版（1939年出版）为底本的。随着《大纲》修订版的出版，从1956年起以经济学家高木幸二郎为首的12名学者就开始着手，并于1965年完成了该书的翻译。这可能是世界上最早的《大纲》全译本②，而且因翻译质量上乘，在日本

---

① Karl Marx, *Grundrisse der Kritik der politischen Ökonomie*, (*Rohentwurf*), 1857–1858, Anhang 1850–1859, Dietz Verlag Berlin, 1953.
② 俄译本出版于1968—1969年。麦克莱伦的英语摘译本(D. Mclellan, Marx's *Grundrisse*, Macmillan, London)出版于1971年，尼古拉斯的英语全译本(M. Nicolaus, Marx, Karl, *Grundrisse*: *Foundations of the Critique of Political Economy* (*Rough Draft*), Harmondsworth: Penguin)出版于1973年，法译本出版于1967—1968年，而中文的第一个全译本的出版是在1962—1978年。

享有"名译"之美誉。中国对《大纲》的翻译也比较早，1979—1980年出版了收录有俄文2版《大纲》的《马克思恩格斯全集》中文第一版第46卷（上下册），并于1995—1998年出版了以新MEGA为底本的《大纲》译本。

不仅是翻译，在对《大纲》的研究上日本也早于其他国家。在20世纪60年代以前，高木幸二郎、杉原四郎、佐藤金三郎等经济学家就对《大纲》展开了研究。高木幸二郎比较关注《大纲》中的经济危机理论，发表了《危机理论体系序说》和《危机、再生产、货币制度》等著作[1]，开创了《大纲》经济危机理论研究的先河。另一位《大纲》研究专家杉原四郎在《穆勒和马克思》《马克思经济学的形成》以及《经济原论Ⅰ》等著作中[2]，将《大纲》视为"原资本论"[3]，同时对《大纲》的"自由时间"和"时间的经济"问题进行了深入的探讨，这为日后内田弘等人从这一角度系统地解读《大纲》奠定了基础。

《大纲》出版以后，国际上首先讨论的是"写作计划"

---

[1] 高木幸二郎『恐慌論体系序説』大月書店、1965年。『恐慌・再生産・貨幣制度』大月書店、1964年。

[2] 杉原四郎『ミルとマルクス』ミネルヴァ書房、1957年。『マルクス経済学の形成』未来社、1964年。『経済原論Ⅰ』同文館、1973年。

[3] 杉原四郎『マルクス経済学の形成』、133頁。

问题。日本的文献学家佐藤金三郎在1954年发表了"《经济学批判》体系和《资本论》——以《政治经济学批判大纲》为中心"[①]一文。这篇论文回顾了第二次世界大战前后世界上关于"写作计划"问题的研究，根据《大纲》所提示的新资料，对《大纲》进行了系统的解读。他将《资本论》的形成分为三个阶段：（1）1857—1858年《政治经济学批判》（《大纲》阶段）；（2）1859—1863年《政治经济学批判》手稿（剩余价值学说史阶段）；（3）1863—1867年《资本论》（《资本论》阶段）[②]。认为在《大纲》和《资本论》之间马克思的方法论原则没有发生什么实质性变化。比佐藤金三郎稍晚，罗曼·罗斯多尔斯基（Roman Rosdolsky）在《马克思〈资本论〉的形成史》中也提出，《资本论》三部是通过对1859年《政治经济学批判》计划前三部分（资本、土地所有制、雇佣劳动）的排列变更而写成的，其最典型的例子就是在撰写《资本论》时放

[①] 佐藤金三郎「「経済学批判」体系と『資本論』——『経済学批判要綱』を中心として」『経済学雑誌』第31卷第5・6号、1954年12月。
[②] 佐藤金三郎「『資本論』の成立——1850—1867年」『資本論講座』（第一分冊）所收、青木書店、1963年。

弃了"土地所有制"和"雇佣劳动"这两个分册①。他认为"写作计划"变更的时间是1864—1865年马克思写作《资本论》第三部主要草稿时期②。苏联马克思列宁主义研究院研究员维戈斯基不认同罗斯多尔斯基的说法，他在《〈资本论〉创作史》（1970年）中提出了与佐藤金三郎相似的《资本论》形成史划分，认为《资本论》的形成可以分三个阶段：（1）1857—1859年《资本论》的第一草案；（2）1861—1863年《资本论》的第二草案；（3）1863—1865年《资本论》的第三草案③。"写作计划"问题涉及对《大纲》历史地位的评价。对此，麦克莱伦认为，如果这一计划的确已经变更，那么"《大纲》就只具有次等的重要性，它的重要性只在于帮助我们理解《资本论》的起源和解释《资本论》的内容。但是，另一方面，如果马克思保持了原初的计划，《资本论》就只是对六册中第一册的详细阐述，那么……就《大纲》包括了比第一册更

---

① ［德］罗曼·罗斯多尔斯基：《马克思〈资本论〉的形成》，魏埙等译，山东人民出版社1992年，第60—61页。
② ［德］罗曼·罗斯多尔斯基：《马克思〈资本论〉的形成》，魏埙等译，山东人民出版社1992年，第26—27页。
③ ［苏］维·索·维戈茨基：《卡尔·马克思的一个伟大发现的历史》，马健行、郭继严译，方钢校，中国人民大学出版社1979年，第6—7页。

多的内容而言,《大纲》就应该是马克思曾经写过的最基本的著作"。①麦克莱伦的说法不无道理。

从整体上看,此时的《大纲》研究,譬如施密特(A. Schmidt)的《马克思的自然概念》(1962年)、1964年霍布斯博姆(E. J. Hobsbawm)为杰克·科恩(Jack Cohen)的英译本《资本主义生产以前的各种形式》所撰写的"序言"②、罗斯多尔斯基的《马克思〈资本论〉的形成史》(1969年)、缪勒的《通向〈资本论〉的道路》等,主要还是从"原资本论"的角度来解读《大纲》,把《大纲》看作是《资本论》第一稿。虽然这种对《大纲》的解读并不为错,但这样做的后果,就是往往会从成熟的《资本论》和单纯的经济学原理角度来解读《大纲》,从而会忽略掉只有《大纲》中才存在的一些极为重要的概念和视角。尽管高木幸二郎、杉原四郎、佐藤金三郎等人曾试图突破这一"原资本论"式的解释框架,但都未取得成功。

与此同时,日本开始涌动起一股突破这一框架的潮

---

① [英]戴维·麦克莱伦:《政治经济学批判大纲(英文节译本)》"序言",《马克思主义研究书讯》1984年第11期,第4页。
② An Introduction by E. J. Hobsbawm to Karl Marx *Pre-Capitalist Economic Formation*, Lawrence & Wishart, London, 1964.

流，这一潮流首先出现在对《大纲》的"各种形式"研究上。众所周知，"各种形式"是《大纲》的"资本章"中的一节。在这一节中，相对于晚年对东方社会发展道路的零星叙述而言，此时的马克思对包括亚细亚在内的共同体能否过渡到市民社会做过相当系统的阐述。由于这一内容符合了日本学者当时要在日本建构市民社会的理论使命，再加上该文献翻译得较早，结果比较早地受到了日本马克思主义者的关注。大塚久雄在他的《共同体的基础理论》中将"各种形式"看作是马克思的共同体理论，提出本源共同体的三种形式是按照"亚细亚"→"古典古代"→"日耳曼"的时间顺序发展的，三种形式分别对应原始社会、奴隶社会、封建社会的结论[①]。从这一结论来看，大塚久雄的解读和霍布斯博姆为英译本"各种形式"所撰写的那篇"序言"有相似之处，与当时的苏联教科书体系以及欧洲的《大纲》史学研究处于同一个解释框架下。不过，大塚久雄的解释还有与这一框架不同的地方，这就是他还根据对英国经济史的研究成果，并辅以马克斯·韦伯的《经济史》这条线索，研究了本源共同体内部经济关系

---

① 大塚久雄『共同体の基礎理論』岩波書店、1955年。

的变化过程，提出了"共同体的解体"和"地域市场圈"等重要理论问题，为《大纲》研究进入新的阶段提供了前提和可能性。

此外，《大纲》对于简单流通和资本主义生产过程的区分，也在这一阶段引起了研究者们的注意。譬如，德国学者莱谢德就认为马克思关于两者之间关系的分析是《大纲》理论的核心[1]。巴库豪斯还把简单流通和资本主义生产概括为资本主义生产的"两层模式"。日本学者佐藤金三郎还进一步把这一"两层模式"看作是"马克思在《大纲》所取得的最大成就"[2]。这些成果对于突破原有的《资本论》生成史解释框架，对《大纲》进行新解释提供了一定的条件。

---

[1] Vgl. H. Reichelt, *Zur Ligischen Struktur des Kapitalbegriffs bei Karl Marx*, Frankfurt/Wein, 1970.
[2] 高須賀義博編『シンポジウム＜資本論＞成立史——佐藤金三郎氏を囲んで』新評社、1989年、52頁。

(二) 第二个时期:"中期马克思"视阈下的《大纲》研究

以"中期马克思"为基本范畴来研究《大纲》是这一阶段的主要特点。前面说过,"中期马克思"概念的提出,这一方面可以使"早期马克思"和"晚期马克思"连接起来,从而使《大纲》独特的连接作用和独立地位得到强调;另一方面,也可以摆脱《资本论》生成史视域的限制,使《大纲》的理论独创性得到强调。人们可以解放思想,进行理论创新。

这一理论创新是以对"各种形式"的重新解读为突破口的。这首先应归功于日本学者平田清明。平田清明是日本市民社会理论的开创者高岛善哉的弟子,同时也是另一位市民社会理论的创始人内田义彦的朋友。1966年春天,平田清明在日本著名的《思想》杂志上发表了长篇连载论文《马克思的经济学和历史认识——以〈政治经济学批判大纲〉为中心》[①]。在这篇论文中,他首次提到了以往对"各种形式"或者说《大纲》研究的局限性问题。上文谈

[①] 平田清明「マルクスにおける経済学と歴史認識——『経済学批判要綱』を中心に」『思想』、1966年4、5、8、11号。

到，大塚久雄等人将"各种形式"仅仅看作是马克思的共同体理论。他之所以这样看，主要是受到了《各种形式》"单行本"的影响。作为一个事实，"各种形式"虽然是《大纲》中的一节，但它却先于《大纲》而单独出版，由于这一缘故，人们在研究它时，往往将它同《大纲》的体系割裂开来；此外，当时的"单行本"，譬如1940年出版的俄文版和以此为底本的日文版，以及1952年东德的狄茨版都省略了位于"各种形式"前后的有关"资本的原始积累"的叙述，没有提及《各种形式》末尾的"第二循环的结束"一节。看不到这样做有问题，就无法发现"各种形式"与《大纲》的有机联系。

平田清明的首要功绩，就是指出了"第二循环的结束"一节的意义。所谓"第二循环的结束"一节是指《大纲》第Ⅴ笔记本的第16页开头的一段话，原文是这样写的："资本的真正本性只有**在循环结束时**才表现出来。"[①]这里的"在循环结束时"中的"循环"指的是资本的"第二

---

① 《马克思恩格斯全集》第30卷，人民出版社1995年，第510页。

循环"①。问题是在"各种形式"一节中我们找不到"第二循环"的开端,而只有在"各种形式"的前面,即在"我自己的笔记本的提要"中的"剩余资本Ⅰ(44,45)剩余资本Ⅱ(45)领有权的转变(45)"②一节中才能找到。由于"各种形式"被夹在关于"资本的原始积累"叙述的中间,因此"各种形式"就不能单纯地被理解为马克思一般的"共同体理论",而应该被理解为关于"资本的原始积累"理论。这是对大塚久雄等人的"各种形式"观的根本性突破。望月清司曾这样评价说,这一发现"使1965年以前的研究史一下子变成了遥远的'前史',而所谓'各种形式'的'正史'从此拉开了序幕"。③其实,不只是"各种形式",整个《大纲》的研究也因此进入到了一个新阶段。

---

① 日译本将此处的"在循环结束时"翻译成"在第二循环结束时"。这属于意译,中译本没有采取这一译法。不过,由于这里的"循环"的确是指"第二循环",日译本的译法较之于中译本更为明确。
② 这是"我自己的笔记本的提要"的小节标题(Karl Marx, *Ökonomische Manuskripte und Schriften 1858—1861*, In: *MEGA*② Ⅱ-2, Dietz Verlag Berlin 1980, S. 278。参见《马克思恩格斯全集》第31卷,人民出版社1998年,第613页),该节范围指《马克思恩格斯全集》第30卷,人民出版社1995年,第448—451页。
③ [日]望月清司:《马克思历史理论的研究》,韩立新译,北京师范大学出版社2009年,第315页。

这一新阶段是以对"资本的原始积累"理论的重新解读为主线的。平田清明考察了《大纲》的"资本的原始积累"理论与《资本论》的差异，指出相对于《资本论》第一卷在"资本的生产过程"中对"资本的原始积累"进行说明不同，《大纲》主要是在"资本的流通过程"中，或者说通过将"生产过程"与"流通过程"结合起来解释资本的积累过程的。平田清明将《大纲》的做法称为资本的"循环=积累理论"[①]。这一理论的优越性在于，它不仅可以在经济学上更科学地解释"资本的原始积累"，而且更重要的，它还能解释资本主义诞生即从一般商品经济向资本主义社会转变的历史过程，从而解释马克思关于人类社会发展规律的认识。这样一来，在平田清明那里，《大纲》就不仅是马克思的"经济学"，而且还是"历史认识""经济学和历史认识"，这也就成为他的著作的书名。其实，在1969年他还发表过另一部著作《市民社会和社会主義》[②]，在这部著作中他讨论了"市民社会和社会主义"的关系，并以"重建个体所有制"为轴心重构了马克思的

---

① ［日］平田清明：《循环=积累与历史认识》，《当代学者视野中的马克思主义哲学日本学者卷》，韩立新主编，北京师范大学出版社2004年，第81页。
② 平田清明『市民社会と社会主義』岩波書店、1971年。

未来社会理论。从这个角度出发，《经济学和历史认识》还可以看作是对《市民社会和社会主义》的补充论证①。

望月清司是与平田清明同时代的经济学家和历史学家，他对《大纲》的研究有以下几个特点：首先，如果说平田清明用以解释《大纲》的核心概念是"循环=积累"或者"个体所有制"的话，那么望月清司分析《大纲》的视角则是"劳动和所有的分离"或者说"城市与农村的分离"。"劳动和所有的分离"是资本进行原始积累的前提，而"城市与农村的分离"则属于最为典型的"劳动和所有的分离"形式。因为，农民离开自己的土地到城市中来，就意味着与土地所有发生分离。望月清司正是以这一"分离"为标准，讨论了"本源共同体"的三种形式：亚细亚、古典古代和日耳曼，提出在这三种形式当中，只有日耳曼共同体才能完成资本的原始积累，从而诞生了近代市民社会这一结论。从这一结论来看，他的"劳动和所有的分离"理论与平田清明的"循环=积累理论"有着异曲同

---

① 其实进入20世纪80年代，平田清明还发表了一部研究《大纲》的专著《经济学批判的方法叙说》（平田清明『経済学批判への方法叙説』岩波書店、1982年），不过在这部著作中，他表现出了与前两部著作相反的倾向，譬如将"市民社会"等同于"资本主义社会"等，在此就不予以讨论了。

工之妙,即都是以"资本的原始积累"理论为核心的。所不同的是,望月清司通过这一"资本的原始积累"理论构建出了一整套"马克思的历史理论",即人类社会发展必须经历本源共同体→市民社会→未来共同体这样三个阶段;只有日耳曼世界靠"内因"能完成这一历史进程。

其次,望月清司是从马克思本人的思想发展史中去研究《大纲》的。他研究《大纲》并没有拘泥于《大纲》一个文本,而是把《大纲》置于《巴黎手稿》和《德意志意识形态》思想发展的延长线上。具体说来,他把《大纲》中的"历史理论"看作是马克思早期《巴黎手稿》中的"交往异化"理论和《德意志意识形态》中的"分工展开史论"的直接结果。内田义彦在对望月清司的博士论文《马克思历史理论的研究》的《审查报告》中这样写道:"这一点是该书对学术界最重要的贡献之一。因为在过去,学术界虽然以《大纲》为中心进行了新的研究,但是这些研究成果并没有被应用到对马克思《经济学哲学手稿》和《德意志意识形态》的理解中去,从而也就没能应用到包括《大纲》在内的马克思全部历史理论内在形成过程的理解中去。光这一工作,本书在学术界的地位就是无法抹杀的。"①这一点的确是望月清司的独特贡献,与平田清明只关注《大纲》以及后期的《资本论》是不同的。

从平田清明和望月清司的研究来看,他们并没有遵循传统的解释框架,而是从"教义体系"已经遗忘的"所有""分工""交换"等概念出发的。而这些概念又可以归纳为"市民社会"这一个范畴。所谓市民社会无非是以私人所有为前提的分工和交换的体系,从历史角度来看,它是马克思曾经构想过的、一个暂时的但又是必然的人类历史发展阶段。无论是平田清明还是望月清司都对市民社会偏爱有加,并以市民社会为坐标解读了《大纲》甚至马克思的主要理论。正是因为如此,他们在日本被称为"市民社会派马克思主义"②。

在《大纲》研究上,除了平田清明和望月清司以外,当时的"市民社会派马克思主义"还取得了两项重要成果:一项是森田桐郎和山田鋭夫编的《解说〈政治经济学

---

① 内田義彦「博士論文要旨および審査報告——望月清司『マルクス歴史理論の研究』」『専修経済学論集』第10卷第2号、1976年2月、196頁。
② 关于"市民社会派马克思主义"的详细介绍,请参照韩立新:《"日本马克思主义":一个新的学术范畴》,《学术月刊》2009年第9期。

批判大纲〉》①。这部著作除了按照《大纲》的写作顺序（"导言"→"货币章"→"资本章"）对《大纲》做了系统解读以外，还以专题的方式对"货币向资本的转化"（内田弘）、"领有规律的转变"（山田锐夫）、"'各种形式'研究"、"资本的流通和再生产"（山田锐夫）、"'带来果实的资本'逻辑"（吉家清次）、"《大纲》中的人和自然"（向井公敏）、"《大纲》中的异化理论"（冲浦和光）、"《大纲》的编辑问题"（内田弘）等进行了研究。另一项是当时的《现代的理论》杂志组织的有关《大纲》的系列讨论。冲浦和光、细见英、望月清司、山田锐夫、森田桐郎等人都参与了其中，其论题涉及"资本的文明化作用""大机器生产中的劳动过程""自由时间"等②。从整体上看，"市民社会派马克思主义"的思想非常活跃，他们还将《大纲》的辐射范围扩展到当今世界人类所面临的各种焦点问题上。

当然，除了"市民社会派马克思主义"以外，这一时

---

① 森田桐郎・山田鋭夫編『コメンタール「経済学批判要綱」(上・下)』日本評論社、1974年。
② 特集「『経済学批判要綱』研究の諸問題」『現代の理論』現代の理論社、1974年6月号。

期还出现许多其他研究成果,譬如花崎皋平的《马克思的科学和哲学》[1]等。但是,客观地说,"市民社会派马克思主义"是当时日本的《大纲》研究,甚至是整个日本马克思主义研究的主旋律。关于这段时间的研究状况,山田鋭夫曾这样总结道:

  回顾起来,这一时期在日本出现了很多世界水平的《大纲》理论。平田清明、花旗皋平、望月清司等人的工作就可算作此列。这些研究的共同志向:第一,首先在于回复那些《大纲》独特而又鲜明的,且在迄今为止的马克思研究中未被关注的视角和范畴的正当权利,譬如市民社会、交往、所有、领有规律的转变(平田),结构和过程、倾向和限制(花旗皋平),分工论的历史分析、各种社会联系(望月),还有人类历史的三大阶段理论=依赖关系史论(平田、望月、森田桐郎)、资本创造世界市场的倾向和文明化作用(平田、本山美彦)、自由时间(杉原四郎、内田弘)、自然论(向井公敏)等,不胜枚举。第二,以这些新范畴为参照标准,新的《大纲》研究将自己引向了

---

[1] 花崎皋平『マルクスにおける科学と哲学』盛田書店、1969年。

对整个马克思发展像的重构。的确,这部草稿无论是在内容上还是在年代顺序上都正好介于早期马克思和《资本论》中的马克思之间,因此才一方面有"原资本论"(杉原四郎),另一方面又有"晚期的《经济学哲学手稿》"(梅本克己)这样的说法,通过这一对《大纲》的深入研究,人们开始打破了在这一领域原有教条体系对马克思的那一教条且简陋的解释权,也突破了写作计划问题的狭隘框架,新的马克思像在包含着异化论的展开、《资本论》形成史、马克思晚年对俄国的论述等焦点问题的同时,逐渐展露峥嵘。①

这段话很好地概括了《大纲》研究第二阶段的基本特征和繁荣景象。但是,对于"市民社会派马克思主义"的"中期马克思"的定位,学者们也有不同的意见。譬如,日本佐藤金三郎就批判了山田锐夫和内田弘的"中期马克思"概念,认为《大纲》不足以构成一个独立的"中期马克思"阶段,以"中期马克思"概念为框架研究《大纲》毫无必要,因为即使从《资本论》形成史角度出发也照样可

---

① 山田鋭夫『経済学批判の近代像』有斐閣、1985年、12頁。

以给予《大纲》以独特的地位①。

（三）第三个时期：全球视野下的《大纲》研究

第三个时期是指1975年以后，尤其是指20世纪80年代的《大纲》研究。首先，在《大纲》的翻译上，这一时期由于刊有《大纲》的新MEGA Ⅱ/1.1（1976年）和Ⅱ/1.2（1981年）的出版，以经济学家为主组成的"资本论草稿集翻译委员会"于1981年和1993年重新翻译了新MEGA版《大纲》，而且新译本采取了新MEGA的《大纲》题名《1857—1858年经济学手稿》②。与高木幸二郎团队的经典翻译不同，新译本不仅在翻译质量上对新MEGA的《正文》(Text)卷做到了精益求精，而且还将《附属材料》(Apparat)卷中的"导论""产生和流传""异文""订正""注解"等信息也进行了编译，以页下注的方式置于译文

---

① 高須賀義博編『シンポジウム＜資本論＞成立史——佐藤金三郎氏を囲んで』新評社、1989年、48頁を参照。
② 『マルクス資本論草稿集』『1857-58年の経済学草稿』Ⅰ、大月書店、1981年；『1857-58年の経済学草稿』Ⅱ、大月書店、1993年。

各节的后面，从而使《大纲》手稿修改过程也清晰地再现出来。在这个意义上，它才是一部严格意义上的新MEGA翻译。

在这一时期，日本的《大纲》研究在本土研究的基础上，又开始与世界上的《大纲》研究重新接轨。之所以说是"重新"，是因为第一阶段的《大纲》研究基本上与当时世界上的《大纲》研究的主题是一致的，而第二阶段的主题是其他国家没有的。在这个第三阶段，出现了一些结合了日本和世界的《大纲》研究的综合性成果，这些成果集中反映在"市民社会派马克思主义"的两位后起之秀山田锐夫和内田弘的作品当中。

山田锐夫的《经济学批判的近代像》是一本关于《大纲》研究的总括性著作。在这部著作中，我们不仅可以找到世界《大纲》研究的传统主题，譬如"写作计划""人与自然的物质代谢"和"资本的周转和世界市场"等，而且还能找到日本《大纲》研究的固有主题，譬如"领有规律的转变"理论。关于这一理论，我们在前面已作详细的说明，这里就毋庸赘言了。值得一提的是，他把近代社会分为三个方面，即"市民社会""资本制社会"（kapitalistische Gesellschaft）和"产业社会"（industrielle Gesellschaft），并从这三个方面解读了《大纲》的内容。他认为，尽管"市民社会""资本制社会"和"产业社会"都是对眼前的近代社会的本质概括，但它们的内部都包含了否定近代社会的积极因素。"市民社会"，从它成立的初衷来看，是为了实现自由与平等，因而包含着孕育自由个人的可能性，但是在近代社会的现实中，这一可能性却流于形式，成为一个人与物颠倒的物象化体系；"资本制社会"虽然通过工厂内分工剥夺了工人的精神劳动方面，但是为自由个人的"联合"创造了客观条件；"产业社会"虽然将工人的劳动纳入产业劳动的范畴，但是从长远角度来看，这一产业能力为自由时间的出现提供了可能，从而在客观上为人的解放提供了前提。从对这三种社会积极意义的强调来看，山田锐夫的《大纲》解读是符合"市民社会派马克思主义"基本精神的，也是对第二阶段《大纲》研究固有主题的深化和拓展。

与山田锐夫相比，内田弘的研究则更多的是意识到了国际上的研究状况。他在《〈政治经济学批判大纲〉的研究》[①]一书中着重讨论了"自由时间理论"，认为"《大

---

① 内田弘『〈経済学批判要綱〉の研究』新評社、1982年。后来该书以『新版〈経済学批判要綱〉の研究』（お茶の水書房、2005年）的方式再版。

纲》的体系同时也是自由时间论的体系"。对马克思而言，资本一方面创造出了剩余劳动时间这一形式，为解放劳动者提供了可能性；另一方面，资本家又将它占为己有，让它为自己创造剩余价值。但是，随着相对剩余价值生产的增加，雇佣工人也被要求具备"一般知性"的能力，从事精神劳动，结果他们发现被资本家剥夺的剩余劳动时间其实只不过是自己劳动的结果，于是他们会产生要将剩余劳动时间变为自由时间的要求。在对"自由时间理论"的分析上，内田弘还特别强调了活劳动在历史上的变化问题。我们知道，活劳动是资本存在的基本条件。但是，随着科学技术的发展，活劳动所占的比率会逐渐减少，那么以活劳动为基础的剩余价值规律会丧失其作为资本主义生产方式基础的作用，再加上的雇佣工人自觉认识的逐渐成熟，这将为超越资本主义开辟道路。

1985年，内田弘出版了他的另一部专著《中期马克思的经济学批判》，这本书，按照内田弘本人的说法是《〈政治经济学批判大纲〉研究》的"姊妹篇"[1]，是对前书的补充。在这本著作中，内田弘讨论了"《大纲》与

---

[1] 内田弘『中期マルクスの経済学批判』有斐閣、1985年、「序」i。

李嘉图的关系"、"《大纲》与黑格尔《逻辑学》的关系"以及"《大纲》与后来的《直接生产过程的结果》的关系"。其中特别是对"马克思《大纲》与黑格尔《逻辑学》的关系"倾注的笔墨最多，提出了《大纲》的"序言"与《逻辑学》的"概念论"、"货币章"与"存在论"、"资本章"与"本质论"是一一对应关系的结论。1988年内田弘又将此部分扩充，出版了英文版的《马克思的〈大纲〉与黑格尔〈逻辑学〉》一书①，在欧美世界引起了反响。2010年，在汉译《新版〈政治经济学批判大纲〉的研究》一书②出版时，译者又将此部分翻译收入其中，从而使中国读者通过《新版〈政治经济学批判大纲〉的研究》中文版就可以看到《中期马克思经济学批判》的精华部分。总之，从内田弘的这两本书来看，他的《大纲》研究包括了对亚里士多德、斯密、李嘉图、黑格尔以及这些人物如何与马克思有关的内容，堪称是《大纲》研究的"百科全书"。同时，斯密的分工和交换理论、李嘉图的生产理论，

---

① Uchida Hiroshi, *Marx's Grundrisse and Hegel's Logic*, London, Routledge, 1988.
② ［日］内田弘：《新版〈政治经济学批判大纲〉的研究》，王青等人译，北京师范大学出版社2010年。

再加上黑格尔的逻辑学,熟悉欧美《大纲》研究史的读者都知道,这些也都是20世纪60年代以来欧美研究《大纲》的主题。

在山田锐夫和内田弘以后,日本的《大纲》研究很少有专著出版。从20世纪80年代至今,在这一领域有以下几项著述和事件值得一提:一个是由一些研究新MEGA第Ⅱ部门"《资本论》及其手稿"的专家从《资本论》手稿形成史角度对《大纲》的研究,譬如1997年出版的由大谷祯之介解说的《大纲》手稿的影印版[1];从历史学和经济史角度对《大纲》的再研究。譬如,福富正实和小谷汪之、布村一夫等人根据《大纲》对马克思的亚细亚观和共同体理论的重构[2];另一个是从环境思想角度对《大纲》思想的挖掘,譬如椎田重明、吉田文和、岛崎隆、森田桐郎等人对《大纲》中的"物质代谢"以及"自然形成的共

---

[1] 大谷禎之介「カール・マルクス『経済学批判要綱』ファクシミリ版への解題」大月書店、1997年。
[2] 福富正実『アジア的生産様式と国家の封建制』創樹社、1981年。福富正実・田口富久治『社会主義と共同占有』創樹社、1984。小谷汪之『マルクスとアジア』青木書店、1979年;『共同体と近代』青木書店、1982年。布村一夫『原始共同体研究』未来社、1980年;『マルクスと共同体』世界書院、1986年。

同体"理论的解读①。另外，2001年中村哲等人编辑了一本论文集《〈经济学批判大纲〉中的历史与逻辑》②。还有，随着2009年全球金融危机的爆发，《大纲》中的危机理论又重新受到了关注等。不过从整体来看，相对于20世纪七八十年代的繁荣景象，20世纪90年代以后的《大纲》研究略显萧条。

以上，我们以日本的研究为主线概述了《大纲》研究的历史。从内容上看，《大纲》研究经历了三个阶段：从"作为《资本论》形成史视野下的《大纲》研究"出发，到"'中期马克思'视阈下的《大纲》研究"，再到"全球视野下的《大纲》研究"。在这三个阶段中，比较重要的是第二个阶段，它反映了《大纲》的独特贡献。

---

① 椎名重明『農学の思想——マルクスとリービヒ』東京大学出版会、1976年；椎名重明『マルクスの自然と宗教』世界書院、1984年。吉田文和『環境と技術の経済学——人間と自然の物質代謝の理論』青木書店、1980年。森田桐郎「人間―自然関係とマルクス経済学」『経済評論』1976年6月増刊号所収、日本評論社。島崎隆『エコマルクス主義——環境論的転回を目指して』知泉書館、2007年。
② 中村哲編著『経済学批判要綱における歴史と論理』青木書店、2001年。

五、《大纲》的世界历史理论及其当代意义

《大纲》是对近代市民社会的一种剖析,是壮年时期的马克思对世界历史发展的一次全面论述。我们今天研究《大纲》,绝不仅仅是对《大纲》文本的解读,而是必须站在"当代中国与世界"这一历史舞台上,回应中国的发展道路问题,对世界的未来进行展望。

(一)《大纲》的世界历史理论

《大纲》除了揭示近代资本主义社会的双重结构,即市民社会和资产阶级社会以外,还以此为基础阐发了一整套的世界历史理论。它主要包括三个方面的内容。一是

"资本章"中资本的文明化作用理论；二是"货币章"中的"人类历史发展三阶段"理论；三是"各种形式"中共同体解体的历史理论。

1."资本章"中资本的文明化作用理论。关于这一主题，我们在前面第二章的第5小节中已经做过阐述，就不做赘述。这里只想指出，资本拥有一种突破民族国家的界限，冲破地域限制的普遍化倾向，它要将世界上的一切国家和地域都纳入自己的势力范围，在它的势力范围内，它会将一切闭关自守安于现状的传统生活方式摧毁，将整个世界都变成资本的市场，从而使世界资本主义化。本来，马克思本人所拟定的《政治经济学批判》计划就准备按照这一顺序展开。如果说该计划的前三个部分"Ⅰ资本→Ⅱ土地所有制→Ⅲ雇佣劳动"属于资本本身的逻辑结构的话，那么后三个部分"Ⅳ国家→Ⅴ国际贸易→Ⅵ世界市场"则意味着资本的文明化后果。资本的本性和目的就是要横扫以前的各种生产方式，在地球上创造出一个普遍的资本主义文明。从这一写作计划布局来看，《大纲》绝不仅仅是一部经济学著作，还是一个出色的世界历史理论。

2."货币章"中的"人类历史发展三阶段"理论。关于这一理论，人们比较熟悉，这里也只做简单的叙述。对此，马克思本人是这样阐述的：

> 人格的依赖关系（Persönliche Abhängigkeitsverhältnisse）（起初完全是自然发生的），是最初的社会形式，在这种形式下，人的生产能力只是在狭小的范围内和孤立的地点上发展着。以**物象的**依赖性为基础的人格的独立性（Persönliche Unabhängigkeit），是第二大形式，在这种形式下，才形成普遍的社会物质代谢、普遍的关系（Universale Beziehungen）、多方面的需要以及全面的能力的体系。建立在个人的全面发展和他们共同的、社会的生产能力成为从属于他们的社会财富（Vermögen）这一基础上的自由个体性，是第三阶段。第二个阶段为第三个阶段创造条件。①

这就是所谓的马克思关于人类发展三大阶段理论。按照这一理论，人类历史可分为"人格的依赖关系""以物象的依赖性为基础的人格的非依赖性"和"自由个体性"，简称"人格的依赖关系""物象的依赖关系"和"自由人的

---

① Karl Marx, *MEGA*② Ⅱ-1, S.79。参见《马克思恩格斯全集》第30卷，人民出版社1995年，第107—108页。译文有改动。

联合"的三大阶段。在第一个阶段，人们之间的联系并没有经由货币或者资本的中介，因此也未处于普遍的异化和物象化状态，但是人的生产却被局限在"狭小的范围内和孤立的地点上"，无法普遍化。到了第二个阶段，人类只有借助货币或者资本才能发生社会联系，而货币或者资本是物象，结果造成了人与人之间的关系只有借助于物象之间的关系才能实现，马克思把这种状态称为"物象的依赖关系"。这种状态，一方面，自然会造成人深重的异化状态和剥削的非正义性；另一方面，人格通过对"物象的依赖关系"摆脱了对共同体的依赖，成长为一个独立的个人。与此同时，生产也突破了地域局限，成为一种普遍性的生产，从而使世界文明化。在《大纲》中，马克思是有意将货币和资本当作历史理论来看待的。随着这种关系在资本主义社会中发展到顶点，第二个阶段将会被第三个阶段"自由人的联合"所取代。在这一阶段，人类将扬弃物象化，重新成为生产和历史的主体，人格与物象之间关系也将重回人格性关系。由于消灭了资本对人的统治和强制，人类的自由个性将获得全面的发展。

需要说明的是，第二个阶段出现的大工业和世界市场，既是人的异化和物象化的顶点，又是扬弃异化和物象化的前提。"在**世界市场**上，**单个人**都与一切人发生**联系**，但同时**这种联系**又**不以单个人为转移**，这种情况甚至发展到这样的高度，以致这种联系的形成同时已经包含着超越它自身的条件。"①马克思与一般空想社会主义者的区别就在于，他高度肯定了第二个阶段的历史必然性及其对人类进入第三阶段的前提意义。因为不肯定这一点，即使是共产主义，也"只能作为某种地域性的东西"存在②。早在写作《德意志意识形态》时期，马克思就已经洞察到这一点："无产阶级只有在世界历史意义上才能存在，就像共产主义——它的事业——只有作为'世界历史性的'存在才有可能实现一样。"③共产主义是绝对不能局限在特殊地域上的，作为世界历史的顶点，它必须是全球性的、普遍的。

3."各种形式"中共同体解体的历史理论。这是我们这里需要重点说明的。在《大纲》中，马克思把人类历史的发展过程划分为"原始共同体—市民社会—未来的共同

---

① 《马克思恩格斯全集》第30卷，人民出版社1995年，第111页。
② ［德］马克思、恩格斯:《德意志意识形态》，《马克思恩格斯文集》第1卷，人民出版社2009年，第538页。
③ ［德］马克思、恩格斯:《德意志意识形态》，《马克思恩格斯文集》第1卷，人民出版社2009年，第539页。

体"三个阶段。"各种形式"所要解决的是原始共同体如何过渡到市民社会的问题。

在"各种形式"的开头，马克思写道："雇佣劳动的前提和资本的历史条件之一，是自由劳动以及这种自由劳动同货币相交换……另一个前提就是自由劳动同实现自由劳动的客观条件相分离，即同劳动资料和劳动材料相分离。"① 按照这一论述，资本产生的前提是"自由劳动"和"劳动的客观条件"相分离，或者说"劳动和所有的分离"。而"劳动和所有的分离"的最典型形式莫过于"城市与农村的分离"。因为，农民离开自己的土地到城市中来，就意味着劳动与它所依赖的土地发生了彻底分离。如果说资本的原始积累意味着人类历史进入到了一个新阶段的话，那么原始共同体解体理论无疑属于历史理论。从文本的内容看，"各种形式"与《大纲》的其他部分不同，明显具有历史学的性质。

在"各种形式"中，马克思考察了原始共同体的三种形式，即亚细亚（以俄国、印度和中国为代表的东方世界）、古典古代（古希腊与古罗马）和日耳曼（以英法德

---

① 《马克思恩格斯全集》第30卷，人民出版社1995年，第465页。

为代表的西欧世界），并试图在这三种形式当中，探寻究竟哪种共同体具备"城市和农村的分离"的条件。马克思写道：

> 日耳曼的共同体并不集中在城市中。……古典古代的历史是城市的历史，不过这是以土地所有和农业为基础的城市；亚细亚的历史是城市和农村的一种无差别的统一（本来的大城市在这里只能看作王公的营垒，看作本来的经济构成上的赘疣）。中世纪（日耳曼时代）是从农村这个历史舞台出发的，然后，它的进一步发展是在城市和农村的对立（der Gegensatz von Stadt und Land）中进行的；近代（的历史）是农村城市化，而不像在古代那样，是城市农村化。[①]

在亚细亚，城市基本上是为了王侯将相服务的，城市和农村处于"一种无差别的统一"状态，因此根本就产生不了"城市和农村的分工"；如果说古典古代是指阿尔卑斯山脉以南的"地中海世界"，日耳曼是指阿尔卑斯山脉以北的

[①] Karl Marx, *MEGA*[②] II-1, S.387。参见《马克思恩格斯全集》第30卷，人民出版社1995年，第473—474页。译文有改动。

"西欧世界",那么"地中海世界"虽然拥有很多历史名城,譬如雅典和罗马,但是这些城市都只不过是土地贵族和地主们的居住地,属于农村中的城市,即"城市农村化"。这样的城市虽然与农村有差别,但还不至于与农村发生真正意义上的分工和对立;而"西欧世界"的情况则根本不同,它本来没有什么城市,日耳曼人以家庭为经营单位,散居在森林当中,其劳动和所有是相统一的。当家庭经营出现了剩余,可以进行交换时,自然会形成一些以一定地域为中心的农贸集市。而这种农贸集市后来逐渐取代了原来"不在地主"们的居住地,发展成为与农村不同的现代城市。这样一来,在日耳曼世界就真正出现了"农村与城市的对立",从而也就促进了资本的原始积累和近代市民社会的诞生。从这一叙述中,似乎只能推出只有日耳曼共同体才能必然地走向市民社会的结论。事实上,望月清司就做出了这样的判断:"阿尔卑斯山脉以北的'中世纪'世界创造出来了本来意义上的市民社会,只有这种市民社会才以'城市和农村的对立'的形式包含着发展为近代资产阶级社会的谱系。"①

---

① [日]望月清司:《马克思历史理论的研究》,韩立新译,北京师范大学出版社2009年,第13页。

如果只有日耳曼世界才是适合市民社会发育的土壤，那么马克思无疑留给了我们一个巨大的历史课题，即东方社会该怎么办？既然东方社会不能靠内因进入市民社会，是否只有通过西方的殖民这一外因才能被纳入世界历史的进程？很遗憾，马克思对此并没有直接予以回答。但是，这并不意味着"各种形式"的历史理论在这一问题上失去了有效性。从形式上看，"各种形式"的研究好像只涉及作为世界史个体的日耳曼世界向市民社会的转变过程，但是实际上，它的研究关乎所有共同体类型进入市民社会的普遍条件。在马克思写作《大纲》的时代，这些条件只出现于日耳曼世界，故他得出了只有日耳曼共同体才能进入市民社会的结论。但是，时过境迁，如果在非日耳曼世界的国家和地区也出现了同样的前提条件，那么按照马克思关于人类发展的三阶段理论，这些国家和地区也同样可以进入市民社会。正是在这个意义上，我们才可以说，"各种形式"的共同体解体理论并非仅仅是关于日耳曼世界的"历史理论"，而是同样适用于"亚细亚"的普遍的"历史理论"。不管哪一种共同体类型，只要出现了"城市与农村的分离"，那么这种共同体就可能进入市民社会。这种结论为东方国家进入市民社会提供了合法性。这才是《大纲》中的世界历史理论在今天的价值之所在。

（二）中国的发展道路

1978年改革开放以后，中国发生了天翻地覆的变化。如果我们把黑格尔用以分析近代社会的框架"国家和市民社会"用于分析当代中国，就会得出如下结论：改革开放以来，在市民社会层面，中国已经出现了作为"分工和交换"体系的市民社会，市场经济已经取代了计划经济成为中国经济的主体；在国家层面，中国仍然实行的是社会主义制度。这种国家与市民社会的组合方式在世界历史上从未出现过，但它取得了巨大的成功，目前中国已经成为世界第二大经济体。面对这一事实，世人已不再可能以没有"先例"为由轻视中国的发展，而必须从正面解释中国这几十年的发展成就，于是出现了"中国的发展道路"的说法以及相关的各种研究。问题是，我们究竟应该怎样定义这条道路的本质呢？

关于中国的发展道路，是有现成的解释框架的，而这正是马克思的"晚年构想"。马克思晚年在《给〈祖国纪事〉编辑部的信》(1877年)、《〈共产党宣言〉俄文第二版序言》(1882年),以及《给维·伊·查苏利奇的复信》(初稿)(1881年)等中有对"俄国共同体"(la commune russe)发展命运的记述。1881年俄国民粹主义者查苏利奇曾就当时的俄国如何进入社会主义的问题致信马克思。该怎样回答她的问题,马克思表现得比较犹豫,不仅回信四易其稿,而且还要求查苏利奇不要将他的回信公开。[①] 在给《给维·伊·查苏利奇的复信》中,马克思有这样一句表述:对于不同于西欧资本主义且还处于共同体阶段的俄国,"可以不通过资本主义制度的卡夫丁峡谷,而把资本主义制度所创造的一切积极的成果用到共同体中来"。[②] 这句话后来被俄国人扩大解释,说马克思同意当时的俄国可以从"农耕共同体"(la commune agricole; Ackerbaugemei-

---

[①] 查苏利奇本人也信守了承诺,这封信及其草稿在其生前并没有发表。直到她死后,在1924年才由梁赞诺夫公开出版。Cf., Jay Bergman, *Vera Zasulich: A Biography*, Stanford University Press, Stanford, California, 1983, p.76.
[②] Karl Marx, "Entwürfe einer Antwort auf den Brief von V. I. Sassulitsch, Erster Entwurf", *Marx Engels Werke*, Band 19, Dietz Verlag Berlin, 1962, S.389。参见《给维·伊·查苏利奇的复信》(初稿),《马克思恩格斯全集》第25卷,人民出版社2001年,第461—462页。

nde）①直接进入社会主义。受此影响，中国的一些学者推出以下结论：既然中国和俄罗斯同属于东方，那么中国也可以不通过以私有制为基础的市民社会阶段，直接从亚细亚共同体进入到社会主义。新中国成立后对私有制经济进行改造，开展了集体化和国有化运动，从这些事实来看，自新中国成立到1978年的历史进程，与马克思这一"晚年构想"的解释框架颇为一致。

但是，要将这一框架用于解释1978年以后的历史进程则面临着明显的困难。1978年以后，中国的基本国策是"改革开放"，所谓"改革"主要是对公有制进行改革，我们放弃了"越公越好""国有化程度越高越好"之类的传统观念，逐渐承认市场经济的地位，2007年还颁布了《中华人民共和国物权法》，在法律层面上承认了私有产权的合法性。在这一国策下，中国的私有经济占比日益扩大，目前已经成为中国经济的重要组成部分。为适应这一新情况，应该将关于"中国发展道路"的解释框架从传统的"晚年构想"转移到《大纲》的"各种形式"上来，也可说是把《大纲》的世界历史理论应用于对当代中国的解

---

① 参见《马克思恩格斯全集》第25卷，人民出版社2001年，第460页。

释。之所以如此，主要是基于中国1978年以后出现的两个变化：

1.人民公社这一共同体解体，农村出现了"自留地"和"包产到户"，各家各户成为独立的经营单位。虽然没有出现土地的私有制，但是农民在实质上拥有对自己土地上剩余的支配权，可以自由交换自己的剩余；为了实现剩余的交换，农民在自己家周边建立集市，出现了农村的"集市贸易"。后来又出现了以日用品为主的农村工业，即"乡镇企业"。从"集市贸易"到"乡镇企业"，中国农村出现的这一变化颇似大塚久雄1951年提出的"地域市场圈"（local market area）①，当然，也类似于"望月历史理论"所描绘的日耳曼共同体的市民社会结构。现在，不仅在东部沿海，即使在相对落后的中西部，"分工和交换"的体系也已经广泛形成。从整体上看，"一物一价"和"等价交换"等市民社会原理已经向中国社会的各个角落渗透，成为社会的重要原则。

2.由于人民公社解体，几亿农民先后涌向东部沿海的大城市和周边的城镇打工，形成了中国历史上从未出现过

---

① 大塚久雄『近代化の歴史的起点』，『大塚久雄著作集』、岩波書店、1969年。

的"农民工潮"。农民工的最大特点是与自己的生产资料即土地发生分离。他们在东部沿海以及城市工厂里，以自由劳动力这一新的身份，与不属于自己的生产资料结合在一起，马克思把这一现象称作"资本的原始积累"。现在，这些农民工或者定居在城市里，或者只是在逢年过节时回到农村——形成了独具中国特色的"春运"现象——为中国的产业化和城市化进程做着贡献。"农民工潮"与城市化，其实正是"各种形式"所描述的"城市和农村的分离"过程。

总之，这两个变化与"各种形式"给出的共同体进入市民社会的条件高度吻合，而且更重要的是，这个条件并不是从外部植入，而是在中国内部自发产生的。正因如此，大概可以说1978年以后中国所走的是一条"日耳曼式"发展道路，目前中国已经进入了马克思所说的市民社会，即"作为经济社会的市民社会"这一历史阶段。[1]

但是，这并不意味着我们在解释"中国的发展道路"时只要照搬《大纲》的历史理论即可，我们还需要将它的结论同中国发展的具体实际情况结合起来。从这一角度出

---

[1] 韩立新:《〈巴黎手稿〉研究——马克思思想的转折点》，北京师范大学出版社2014年，第505页。

发，可以发现，中国的市民社会化进程同西方国家相比有两个特殊性：一是在马克思所划分的历史区域中，中国是亚细亚生产方式的代表，属于亚细亚国家。二是中国有社会主义传统。从1949年中华人民共和国成立以来，中国进行了几十年的社会主义建设，已经形成了在中国共产党领导下的中国特色社会主义道路。在这个意义上，中国向市民社会的转型意味着，既是从亚细亚共同体向市民社会的转型，又是从传统的社会主义经市民社会向共产主义的转型。纵观人类历史，能够同时实现这样两个转型的国家在世界上并无先例。也正因如此，中国现阶段的市民社会化进程与西方相比表现出两点不同：

1. 从欧洲市民社会形成的历史经验来看，市民社会决定国家制度，有什么样的市民社会就有什么样的国家制度。如果市民社会是自由主义经济的话，那么国家就应该是资产阶级民主国家，无论是在西欧，还是在东亚的日本、韩国莫不如此。中国的市民社会以市场经济为主，而国家仍然是社会主义国家。

2. 市民社会一旦成熟，社会的本质和实体将从国家向市民社会转移，市民社会将成为主导，变得强大，而国家的主导地位将弱化。就如在很多发达国家，国家只不过是市民社会利益的反映，市民社会与国家的力量对比呈一种负相关关系。但是，在中国这一反比例关系并没有出现。1978年以后，国家的权力并没有因市民社会的崛起而丧失，相反，在市民社会变得强大的同时，国家的治理能力也日益强大。

对中国的发展道路的解释应该重视这两个特点，在马克思历史理论的基础上进行理论创新。过去，人们往往根据西方市民社会的历史经验来指责中国市民社会之路的特殊性和不规范性等，但是难道不正是因为这一特殊性才带来中国今天的成就吗？难道不正是因为这种不规范性才孕育出新解释的可能性吗？我们应该对中国的发展道路给予积极解释。有着东方社会传统和社会主义经验的中国可以走出一条与西方不同的全新的市民社会发展之路。

余论：辩证法与经济学

马克思在研究政治经济学，特别是在《大纲》中，借鉴了黑格尔的辩证法是毫无疑问的。早在1851年4月，拉萨尔在给马克思的信中，就这样写道："我听说你的经济学终于要问世了……我热切地期望着在我的书桌上看到三大卷李嘉图转向社会主义者和黑格尔转向经济学家们的著作。"[①]在当时最了解马克思的战友们当中，马克思使用黑格尔的辩证法进行经济学批判是一个公开的秘密。

[①] 《1851年5月21日拉萨尔给马克思的信》，《马克思恩格斯全集》第27卷，人民出版社2001年。

（一）黑格尔与经济学

为什么政治经济学批判离不开黑格尔的辩证法？主要跟经济学和辩证法的同根性有关。众所周知，古典的政治经济学是伴随着近代市民社会的出现而产生的理论体系，它是对近代资本主义社会本质的理论反映，属于对近代社会的自我剖析。正是因为如此，政治经济学才被马克思誉为"市民社会的解剖"学。因此，要想弄清楚资本主义社会的本质，必须首先弄清楚政治经济学。

政治经济学在它诞生之时，其对象绝不仅仅是经济规律，而且还包括哲学、政治、社会等广泛的内容，可谓是哲学和社会科学的综合。这与我们今天所熟悉的近代经济学有着很大的差异。以政治经济学的奠基之作斯密的《国富论》为例，《国富论》并不是一部单纯的经济学著作，而是一部对社会正义体系的研究。因此，政治经济学必然会与哲学发生深刻的关系。由于政治经济学诞生于英国，英国的哲学家最早受到了政治经济学的影响。霍布斯、洛克、休谟等哲学家都讨论了私人所有等经济学课题。但是，也许是受观念论传统的影响，德国哲学家接受政治经济学则花了很长的时间。至少在18世纪的康德、谢林、费希特的哲学中我们还很难看到对它的系统吸收。直到19世纪初黑格尔哲学的出现，才使这一状况彻底改变，而且还出现了与经济学密切相关的方法论，即辩证法。

说黑格尔吸收了政治经济学的内容，可能会出乎很多人的意料，因为在人们的常识中，黑格尔是一个理论抽象程度极高的哲学家。其实，早在法兰克福时期（1800年前后）和耶拿时期（1801—1807年），黑格尔就认真地研读了詹姆斯·斯图亚特的《政治经济学原理探究》（1767年）和亚当·斯密的《国富论》等人的著作，并试图将经济学原理改造成哲学理论。在1803—1804年的《精神哲学》草稿中，黑格尔第一次举出了斯密的名字，并引用了斯密《国富论》中制钉工厂的例子[①]。后来，在1805—1806年的《精神哲学》草稿以及在《精神现象学》中讨论了经济学问题。在《法哲学原理》的第189节中，他称赞"**政治经济学**（Staatsökonomie）……这门科学使思想感到荣幸，因为它替一大堆的偶然性找出了规律"，并提醒人们要参照

---

① *Vgl.*, Georg Wilhelm Friedrich Hegel, "Jenaer Systementwürfe I", *Gesammelte Werke*, Bd. 6, Felix Meiner Verlag Hamburg, 1975, S.323.

"斯密、萨伊和李嘉图"的著作等[①]。

黑格尔对政治经济学的吸收首先表现在对斯密的"经济人"(homo oeconomicus)假设的哲学化上。1714年,曼德维尔在《蜜蜂的寓言》(The fable of the Bees: or Private Vices, Public Benefits)中以一个比喻的方式提出了一个近代社会特有的悖论:"私人恶德即公共利益",即如同恣意乱飞的蜜蜂却意外地建造了完美的蜂巢那样,近代个人在追求私人利益的同时却带来了公共利益。《蜜蜂的寓言》出版以后,有人以它鼓吹"恶德"的合理性,主张予以封杀。与这一封杀的态度相反,斯密则对此做出了肯定的解释。他在《国富论》中这样说道:"在这场合,像在其他场合一样,他受一只看不见的手的指导,去尽力达到一个并非他本意想要达到的目的。也并不因为是非出于本意,就对社会有害。他追求自己的利益,往往使他能比在真正出于本意的情况下更有效地促进社会的利益。"[②]也就是说,"看不见的手"可以使"经济人"的利己行为合法化。从哲学上说,斯密的这种国民经济学式的说明等于认同了

---

① [德]黑格尔:《法哲学原理》,范扬、张企泰译,商务印书馆1979年,第204—205页。
② [英]斯密:《国富论》下册,商务印书馆1974年,第252页。

动机和结果的分离，或者说目的与手段的分离，这与传统的价值观是不一样的，具有功利主义特征。在传统价值观看来，个体的善会导致整体的善，个体的偶然会导致整体的无序。正因为如此，功利主义才遭到了康德等人的反对。

而黑格尔则积极认同了斯密的政治经济学说明，并有意识地将它内化为自己的哲学原理，即从个体的恶到整体的善。这显然是一个辩证的过程。如果是善是A，恶是非A的话，那么从个体的恶到整体的善意味着从A到非A。这与人们熟知的A=A的同一律相违背。在耶拿时期，黑格尔的一个主要工作就是要突破A=A同一律的局限，建立起A=-A的等式。而经济现实中的"看不见的手"恰好为黑格尔提供了A=-A的原型。在《法哲学原理》中，黑格尔把"特殊性"定义为市民社会的第一条原理，即"具体的人格作为**特殊的人格**本身就是目的"。但是，个人的需要又只有通过他人的劳动产品才能满足，"所以每一个特殊的人格都是通过他人的**中介**，同时也无条件地**通过普遍性**的形式的**中介**，而肯定自己并得到满足"。①之所以称这里的

---

① ［德］黑格尔:《法哲学原理》，范扬、张企泰译，商务印书馆1979年，第197页。

普遍性为"形式的",是因为这种社会联系仍然是建立在利己的目的的基础上的,而非"本意"。但是这一非"本意"的行为却意外地使整个社会成为一个有机的"**需要的体系**"[①]。这与斯密的"看不见的手"是何等的相似,甚至可以说就是"看不见的手"的翻版。而作为一个历史事实,以对立统一为原理的辩证法正是创立在耶拿时期,我们由此可以推测,辩证法跟经济领域的这一矛盾运动密切相关,或者说辩证法是建立在这一矛盾运动的基础上的。

从上述例子中也可以看出,黑格尔的辩证法无疑是吸收了经济学的内容,其辩证法的结构与经济学具有同根性。正是因为如此,成熟时期的马克思在对政治经济学进行批判时,很自然地会想到黑格尔的辩证法,并会运用辩证法对政治经济学进行批判。当然,在对哲学与政治经济学的结合程度上,马克思也毫不逊色于黑格尔,甚至在某种意义上远远超过了黑格尔,《大纲》就是对此最好的证明。

---

① [德]黑格尔:《法哲学原理》,范扬、张企泰译,商务印书馆1979年,第204页。

(二)《大纲》的辩证法

马克思本人于1858年1月在给恩格斯的信中曾说:"我又把黑格尔的《逻辑学》浏览了一遍,这在材料加工的方法上帮了我很大的忙。"[①]的确,在《大纲》写作过程中,马克思曾准备采取"一般性—特殊性—个别性"这样的三位一体计划(见"《大纲》写作过程中的资本写作计划"),在"导言"的最后以及在"资本章"当中,试图通过运用"资本普遍性—资本特殊性—资本个别性"的三位一体逻辑体系展开对"资本章"的叙述。即资本作为一个普遍性概念,以自立主体的方式将整个国民经济的一切要素都统摄于自己之下(Ⅰ.普遍性);然后再通过设立差别,区分出许多资本形式,这些特殊的资本经过互相竞争,实现资本的积累和积聚等(Ⅱ.特殊性);最后,各个资本在把信用资本、股份资本和货币资本结合起来,统一为一个资本(Ⅲ.个别性)。

由于存在着这样的事实,很多研究者都把《大纲》与黑格尔的《逻辑学》联系起来。譬如,罗斯多尔斯基就

---

① 《马克思恩格斯全集》第29卷,人民出版社1972年,第250页。

说："《政治经济学批判大纲》的出版,意味着不首先研究马克思的方法及其同黑格尔的关系,就将不再能写出关于马克思的学术性著作来的。"[1]事实上,他也对《大纲》做出了《逻辑学》式的解释。日本学者内田弘把《逻辑学》中的三位一体范式设定为《大纲》的主线,让《大纲》的三章是分别和《逻辑学》中"存在论""本质论"和"概念论"相对应,即"《政治经济学批判大纲》的'导言'相当于《逻辑学》的'概念论','货币章'对应于'存在(有)论','资本章'对应着'本质论'"。[2]他们的这种《逻辑学》式的《大纲》解释在世界范围内产生了广泛的影响。

但是,从后来的文本事实来看,马克思并没有按照《逻辑学》的三位一体来写作《大纲》,而且后来正式出版的《政治经济学批判》和《资本论》对三位一体逻辑的运用也不明显。在这个意义上,硬说《大纲》的结构完全对应《逻辑学》有一定的困难。在我看来,《大纲》的展开

---

[1] [德]罗曼·罗斯多尔斯基:《马克思〈资本论〉的形成》"作者序",魏埙等译,山东人民出版社1992年,第4页。
[2] [日]内田弘:《新版〈政治经济学批判大纲〉的研究》,王青等人译,北京师范大学出版社2010年,第334页。

逻辑其实跟黑格尔的另一本著作《精神现象学》联系更为密切。众所周知，黑格尔在《精神现象学》"序言"中界定精神时，使用过一个著名的"实体即主体"命题。"一切问题的关键在于：不仅把真实的东西或真理理解和表述为**实体**，而且同样理解和表述为**主体**。"[1]其含义是指，精神作为实体，并不是静止不动的自我同一性，它必须像主体那样运动起来，通过自己的运动实现自身，到达绝对精神。其中，作为精神异化环节的自我意识是实体最终实现自身的关键。一方面，实体只有通过把自己具体化为自我意识才能最终实现自身；另一方面，自我意识须以实体为目标，为实体的自我实现做出自己的贡献。这是黑格尔"实体即主体"原理以及"实体与自我意识"的关系所表征的内容，也是《精神现象学》最为基础的方法论原理。

马克思对资本概念的界定与这一"实体即主体"原理相似。我们知道，所谓"资本一般"或者"一个资本"，同黑格尔的精神一样，也是一个通过自己的运动而完成自身的概念。资本作为一个主体概念，从潜在的资本即货币出发，通过货币向资本的转变，成长为具体的资本，这一

---

[1] ［德］黑格尔：《精神现象学》，贺麟、王玖兴译，商务印书馆1996年，第10页。

资本还能分化，最后又将分化了的具体资本收回到了自身，从而完成了自身。资本之所以能够完成自身，是来源于雇佣工人的活劳动。如果把资本比作"精神"的话，那么活劳动就如同"自我意识"那样的东西，资本借助活劳动完成自我增值，实现自身。也就是说，活劳动给资本提供了活的灵魂，作为死劳动的资本与活劳动的雇佣劳动的结合为资本提供了一切。资本和活劳动的关系颇似《精神现象学》中的"实体和自我意识"的关系。

总之，用《精神现象学》中的"实体即主体"原理来解释"资本一般"的运动非常契合且行之有效。在这个意义上，我们对《大纲》与黑格尔关系的研究不能仅仅局限于《逻辑学》上，还应该把视野拓展到《精神现象学》，这样做可能会取得意想不到的成果。

I 《政治经济学批判大纲》的
当代解读与中国道路

原著选读

A BRIEF
INTRODUCTION TO
THE CRITIQUE OF
POLITICAL ECONOMY

导言

Ⅰ.生产、消费、分配、交换（流通）①

1.生产

（α）摆在面前的对象，首先是**物质生产**。

在社会中进行生产的个人，——因而，这些个人的一定社会性质的生产，当然是出发点。被斯密和李嘉图当作出发点的单个的孤立的猎人和渔夫②，属于18世纪的缺乏想象力的虚构。这是鲁滨逊一类的故事，这类故事决不像文化史家想象的那样，仅仅表示对过度文明的反动和要回到被误解了的自然生活中去。同样，卢梭的通过契约来建立天生独立的

---

① 标题《Ⅰ.生产、消费、分配、交换(流通)》，在马克思写在手稿笔记本"M"封面上的目录中是没有的。这个标题严格地说只包括《导言》的前两节，即《生产》一节(在笔记本"M"的封面上，这一节有一个更确切的标题《生产一般》)和《生产与分配、交换、消费的一般关系》一节。马克思在《生产、消费、分配、交换(流通)》这一节前面标明的罗马数字"Ⅰ"，在《导言》往后的正文中再也没有相应的罗马数字与之相连接。
② 把单个的孤立的猎人和渔夫当作出发点的观点，见亚·斯密《国民财富的性质和原因的研究》(附《英国和美国》)的作者[爱·吉·威克菲尔德]的注释，1835—1839年伦敦版)一书的序论和大·李嘉图《政治经济学和赋税原理》1821年伦敦第3版第1章第3节。

主体之间的关系和联系的"社会契约"①，也不是以这种自然主义为基础的。这是假象，只是大大小小的鲁滨逊一类故事所造成的美学上的假象。其实，这是对于16世纪以来就作了准备、而在18世纪大踏步走向成熟的"市民社会"②的预感。在这个自由竞争的社会里，单个的人表现为摆脱了自然联系等等，而在过去的历史时代，自然联系等等使他成为一定的狭隘人群的附属物。这种18世纪写有《导言》的手稿笔记本M的封面的个人，一方面是封建社会形式解体的产物，另一方面是16世纪以来新兴生产力的产物，而在18世纪的预言家看来（斯密和李嘉图还完全以这些预言家为依据），这种个人

---

① 社会契约论（Contrat social）是卢梭关于人从自然状态过渡到市民状态的相互关系的理论。按照这个理论，人们最初生活在某种自然状态中，在这种状态下，人人都是平等的。私有财产的形成和不平等的占有关系的发展决定了人们从自然状态向市民状态的过渡，并导致以社会契约为基础的国家的形成。政治上的不平等的进一步发展破坏了这种社会契约，导致某种新的自然状态的形成。能够消除这一自然状态的，据说是以某种新的社会契约为基础的理性国家。

让·雅·卢梭在1755年阿姆斯特丹版的《论人间不平等的起源和原因》和1762年阿姆斯特丹版的《社会契约论》这两部著作中详细阐述了这一理论。

② 市民社会这一术语出自乔·威·弗·黑格尔《法哲学原理》（《黑格尔全集》1833年柏林版第8卷第182节附录）。在马克思的早期著作中，这一术语的使用有两重含义。广义地说，是指社会发展各历史时期的经济制度，即决定政治制度和意识形态的物质关系总和；狭义地说，是指资产阶级社会的物质关系。因此，应按照上下文作不同的理解。根据这里的上下文并参照马克思在《政治经济学批判》第1分册序言中有关经济基础和上层建筑的论述，此处应为后一种含义。

是曾在过去存在过的理想；在他们看来，这种个人不是历史的结果，而是历史的起点。因为按照他们关于人性的观念，这种合乎自然的个人并不是从历史中产生的，而是由自然造成的。这样的错觉是到现在为止的每个新时代所具有的。斯图亚特在许多方面同18世纪对立并作为贵族比较多地站在历史基础上，从而避免了这种局限性。

我们越往前追溯历史，个人，从而也是进行生产的个人，就越表现为不独立，从属于一个较大的整体：最初还是十分自然地在家庭和扩大成为氏族①的家庭中；后来是在由氏族间的冲突和融合而产生的各种形式的公社中。只有到18世纪，在"市民社会"中，社会联系的各种形式，对个人说来，才

---

① 德语Stamm这一术语在19世纪中叶的历史科学中含义比现在要广，它表示渊源于同一祖先的人们的共同体，包括近代所谓的"氏族"（Gens）和"部落"（Stamm）两个概念。另外，马克思关于原始社会和早期部落制中家庭关系的观点，即认为人们最初先是形成为"家庭"，然后从家庭发展和扩大而成为"氏族"，也是沿用当时历史科学中的观点。美国的著名民族学家路·亨·摩尔根在《古代社会》（1877年）中第一次把"氏族"和"部落"区分开来，并下了准确的定义，第一次阐明了氏族是原始公社制度的主要基层单位，从而为原始社会的全部历史奠定了科学的基础。瑞士历史学家约·雅·巴霍芬的《母权论》（1861年）也在古代社会和民族学的研究方面作出了新贡献。马克思和恩格斯后来吸收了这些新研究成果，从马克思对摩尔根著作的摘录中可以看出他关于氏族和家庭之间关系的新观点，即氏族是以血缘为基础的人类社会的原始形式，氏族纽带的解体，才发展起各种形式的家庭。恩格斯在《家庭、私有制和国家的起源》（1884年）中全面阐述了这些新见解。恩格斯还为《资本论》第1卷第12章加了关于氏族和家庭的关系的第(50a)注。——25、107、120、466。

表现为只是达到他私人目的的手段，才表现为外在的必然性。但是，产生这种孤立个人的观点的时代，正是具有迄今为止最发达的社会关系（从这种观点看来是一般关系）的时代。人是最名副其实的政治动物①，不仅是一种合群的动物，而且是只有在社会中［M—2］才能独立的动物。孤立的一个人在社会之外进行生产——这是罕见的事，在已经内在地具有社会力量的文明人偶然落到荒野时，可能会发生这种事情——就像许多个人不在一起生活和彼此交谈而竟有语言发展一样，是不可思议的。在这方面无须多说。18世纪的人们有这种荒诞无稽的看法是可以理解的，如果不是巴师夏、凯里和蒲鲁东②等人又把这种看法郑重其事地引进最新的经济学中来，这一点本来可以完全不提。蒲鲁东等人自然乐于用编造神话的办法，来对一种他不知道历史来源的经济关系的起源作历史哲学的说明，说什么亚当或普罗米修斯已经有了现成的想法，后来这种想法就被实行了等等。再没有比这类想入非非的陈词滥调更加枯燥乏味的了。

因此，说到生产，总是指在一定社会发展阶段上的生

---

① 政治动物（Ζωον πολιτιχου），从更广泛意义来说是"社会动物"。这是亚里士多德在他的《政治学》第1册开头给人下的定义。马克思在《资本论》第1卷第11章第(13)注中指出："确切地说，亚里士多德所下的定义是：人天生是城市的市民。"
② 关于下一句话中蒲鲁东所说的普罗米修斯，参看马克思在《哲学的贫困》第1章第3节末尾作的评论。

产——社会个人的生产。因而，好像只要一说到生产，我们或者就要把历史发展过程在它的各个阶段上一一加以研究，或者一开始就要声明，我们指的是某个一定的历史时代，例如，是现代资产阶级生产——这种生产事实上是我们研究的本题。可是，生产的一切时代有某些共同标志，共同规定。**生产一般**是一个抽象，但是只要它真正把共同点提出来，定下来，免得我们重复，它就是一个合理的抽象。不过，这个**一般**，或者说，经过比较而抽出来的共同点，本身就是有许多组成部分的、分为不同规定的东西。其中有些属于一切时代，另一些是几个时代共有的。[有些]规定是最新时代和最古时代共有的。没有它们，任何生产都无从设想；但是，如果说最发达的语言和最不发达的语言共同具有一些规律和规定，那么，构成语言发展的恰恰是有别于这个一般和共同点的差别。对生产一般适用的种种规定所以要抽出来，也正是为了不致因为有了统一（主体是人，客体是自然，这总是一样的，这里已经出现了统一）而忘记本质的差别。那些证明现存社会关系永存与和谐的现代经济学家的全部智慧，就在于忘记这种差别。例如，没有生产工具，哪怕这种生产工具不过是手，任何生产都不可能。没有过去的、积累的劳动，哪怕这种劳动不过是由于反复[M—3]操作而积聚在野蛮人手上的技巧，任何生产都不可能。资本，别的不说，也是生产工具，也是过去的、客体化了的劳动。可见资本是一种一般的、永存的自然关系；这样说是因为恰好抛开了正是使"生产工具"、"积累的劳动"成为资本的那个特殊。因此，生产关系的全部历史，例如在凯里看来，是历代政府的恶意篡改。

如果没有生产一般，也就没有一般的生产。生产总是一个个**特殊**的生产部门——如农业、畜牧业、制造业等，或者生产是**总体**。可是，政治经济学不是工艺学。生产的一般规定在一定社会阶段上对特殊生产形式的关系，留待别处（后面）再说。

最后，生产也不只是特殊的生产，而始终是一定的社会体即社会的主体在或广或窄的由各生产部门组成的总体中活动着。科学的叙述对现实运动的关系，也还不是这里所要说的。生产一般。特殊生产部门。生产的总体。

现在时髦的做法，是在经济学的开头摆上一个总论部分——就是标题为《生产》的那部分（参看约·斯·穆勒的著作①），用来论述一切生产的**一般条件**。

这个总论部分包括或者据说应当包括：

（1）进行生产所必不可缺少的条件。因此，这实际上不过是摆出一切生产的基本要素。可是，我们将会知道，这些要素实际上归纳起来不过是几个十分简单的规定，而这些规

---

① 约·斯·穆勒《政治经济学原理及其对社会哲学的某些应用》（两卷集）1848年伦敦版第1卷第1篇《生产》第1章，就加上了《生产的要素》这一标题。

定却扩展成浅薄的同义反复。

（2）或多或少促进生产的条件，如像亚当·斯密所说的前进的和停滞的社会状态①。要把这些在亚·斯密那里作为提示而具有价值的东西提到科学意义上来，就得研究在各个民族的发展过程中各个时期的**生产率程度**——这种研究超出本题的范围，而这种研究同本题有关的方面，应在叙述竞争、积累等等时来谈。照一般的提法，答案总是这样一个一般的说法：一个工业民族，当它一般地达到它的历史高峰的时候，也就达到它的生产高峰。实际上，一个民族的工业高峰是在这个民族的主要任务还不是维护利润，而是谋取利润的时候达到的。就这一点来说，美国人胜过英国人。或者是这样的说法：例如，某些种族素质，气候，自然环境如离海的远近，土地肥沃程度等等，比另外一些更有利于生产。这又是同义反复，即财富的主客观因素越是在更高的程度上具备，财富就越容易创造。

［M—4］但是，这一切并不是经济学家在这个总论部分所真正要说的。相反，他们所要说的是，生产不同于分配等等（参看穆勒的著作②），应当被描写成局限在与历史无关的

---

① 前进的和停滞的社会状态，见亚·斯密《国民财富的性质和原因的研究》1776年伦敦版第1篇第8章和第11章结束语。

② 关于生产不同于分配的内容，见约·斯·穆勒《政治经济学原理及其对社会哲学的某些应用》（两卷集）1848年伦敦版第1卷第25—26页。

永恒自然规律之内的事情，于是**资产阶级**关系就被乘机当作社会一般的颠扑不破的自然规律偷偷地塞了进来。这是整套手法的多少有意识的目的。在分配上，他们则相反地认为，人们事实上可以随心所欲。即使根本不谈生产和分配的这种粗暴割裂以及生产和分配的现实关系，总应该从一开始就清楚地看到：无论在不同社会阶段上分配方式如何不同，总是可以像在生产中那样提出一些共同的规定来，可以把一切历史差别混合或融化在**一般人类**规律之中。例如，奴隶、农奴、雇佣工人都得到一定量的食物，使他们能够作为奴隶、农奴和雇佣工人来生存。靠贡赋生活的征服者，靠税收生活的官吏，靠地租生活的土地所有者，靠施舍生活的僧侣，靠什一税生活的教士，都得到一份社会产品，而决定这一份产品的规律不同于决定奴隶等等的那一份产品的规律。一切经济学家在这个项目下提出的两个要点是：(1) 财产，(2) 司法、警察等等对财产的保护。对此要极简短地答复一下：

关于第一点。一切生产都是个人在一定社会形式中并借这种社会形式而进行的对自然的占有。在这个意义上，说财产（占有）是生产的一个条件，那是同义反复。但是，可笑的是从这里一步就跳到财产的一定形式，如私有财产。（而且还以对立的形式即**无财产**作为前提条件。）历史却表明，共同财产（如印度人、斯拉夫人、古克尔特人等等那里的共同财产）是原始形式，这种形式还以公社财产形式长期起着显著的作用。至于财富在这种还是那种财产形式下能更好地发展的问题,还根本不是这里所要谈的。可是,如果说在任何财产形式都不存在的地方,就谈不到任何生产,因此也就谈不到任何社会,那么,这是同义反复。什么也不占有的占有,是自相矛盾。

关于第二点。对既得物的保护等等。如果把这些滥调还原为它们的实际内容,它们所表示的就比它们的说教者所知道的还多。就是说,每种生产形式都产生出它所特有的法的关系、统治形式等等。粗率和无知之处正在于把有机地[M—5]联系着的东西看成是彼此偶然发生关系的、纯粹反思联系中的东西。资产阶级经济学家只是感到,在现代警察制度下,比在例如强权下能更好地进行生产。他们只是忘记了,强权也是一种法,而且强者的权利也以另一种形式继续存在于他们的"法治国家"中。

当与生产的一定阶段相应的社会状态刚刚产生或者已经衰亡的时候,自然会出现生产上的紊乱,虽然程度和影响有所不同。

总之:一切生产阶段所共有的、被思维当作一般规定而确定下来的规定,是存在的,但是所谓一切生产的**一般条件**,不过是这些抽象要素,用这些要素不可能理解任何一个现实的历史的生产阶段。

3.政治经济学的方法

当我们从政治经济学的角度考察某一国家的时候，我们从该国的人口，人口的阶级划分，人口在城乡、海洋、在不同生产部门的分布，输出和输入，全年的生产和消费，商品价格等等开始。

从实在和具体开始，从现实的前提开始，因而，例如在经济学上从作为全部社会生产行为的基础和主体的人口开始，似乎是正确的。但是，更仔细地考察起来，这是错误的。如果我，例如，抛开构成人口的阶级，人口就是一个抽象。如果我不知道这些阶级所依据的因素，如雇佣劳动、资本等等，阶级又是一句空话。而这些因素是以交换、分工、价格等等为前提的。比如资本，如果没有雇佣劳动、价值、货币、价格等等，它就什么也不是。因此，如果我从人口着手，那么，这就是关于整体的一个混沌的表象，并且通过更切近的规定我就会在分析中达到越来越简单的概念；从表象中的具体达到越来越稀薄的抽象，直到我达到一些最简单的规定。于是行程又得从那里回过头来，直到我最后又回到人口，但是这回人口已不是关于整体的一个混沌的表象，而是一个具有许多规定和关系的丰富的总体了。

第一条道路是经济学在它产生时期在历史上走过的道路。例如，17世纪的经济学家总是从生动的整体，从人口、民族、国家、若干国家等等开始；但是他们最后总是从分析中找出一些有决定意义的抽象的一般的关系，如分工、货币、价值等等。这些个别要素一旦多少确定下来和抽象出来，从劳动、分工、需要、交换价值等等这些简单的东西上升到国家、国际交换和世界市场的各种经济学体系就开始出现了。

后一种方法显然是科学上正确的方法。具体之所以具体，因为它是许多规定的综合，因而是多样性的统一。因此它在思维中表现为综合的过程，表现为结果，而不是表现为起点，虽然它是现实的起点，因而也是直观和表象的起点。在第一条道路上，完整的表象蒸发为抽象的规定；在第二条道路上，抽象的规定在思维行程中导致具体的再现。

因此，黑格尔陷入幻觉，把实在理解为自我综合、自我深化和自我运动的思维的结果，其实，从抽象上升到具体的方法，只是思维用来掌握具体、把它当作一个精神上的具体再现出来的方式。但决不是具体本身的产生过程。举例来说，最简单的经济范畴，如交换价值，是以人口即在一定关系中进行生产的人口为前提的；也是以［M—15］某种家庭、公社或国家等为前提的。交换价值只能作为一个具体的、生动的既定整体的抽象的单方面的关系而存在。相反，作为范畴，交换价值却有一种洪水期前的存在。因此，在意识看来（而哲学意识就是被这样规定的：在它看来，正在理解着的思维是现实的人，而被理解了的世界本身才是现实的世界），范畴的运动表现为现实的生产行为（只可惜它从外界取得一种推动），而世界是这种生产行为的结果；这——不过又是一个同义反复——只有在下面这个限度内才是正确的：具体总体作为思想总体、作为思想具体，事实上是思维的、理解的产物；但是，决不是处于直观和表象之外或驾于其上而思维着的、自我产生着的概念的产物，而是把直观和表象加工成概念这一过程的产物。整体，当它在头脑中作为思想整体而出现时，是思维着的头脑的产物，这个头脑用它所专有的方式掌握世界，而这种方式是不同于对于世界的艺术精神的，宗教精神的，实践精神的掌握的。实在主体仍然是在头脑之外保持着它的独立性；只要这个头脑还仅仅是思辨地、理论地活动着。因此，就是在理论方法上，主体，即社会，也必须始终作为前提浮现在表象面前。

但是，这些简单的范畴在比较具体的范畴以前是否也有一种独立的历史存在或自然存在呢？要看情况而定。例如，黑格尔论法哲学，是从占有开始，把占有看作主体的最简单的法的关系，[①]这是对的。但是，在家庭或主奴关系这些具体得多的关系之前，占有并不存在。相反，如果说存在着还只是**占有**，而没有**所有权**的家庭和部落整体，这倒是对的。所以，同所有权相比，这种比较简单的范畴，表现为比较简单

---

① 关于黑格尔把占有看作主体的最简单的法的关系，见他的《法哲学原理》第40、45、49—52节。

的家庭团体或部落团体的关系。它在比较高级的社会中表现为一个发达的组织的比较简单的关系。但是那个以占有为关系的比较具体的基础总是前提。可以设想有一个孤独的野人占有东西。但是在这种情况下，占有并不是法的关系。说占有在历史上发展为家庭，是错误的。占有倒总是以这个"比较具体的法的范畴"为前提的。但是，不管怎样总可以说，简单范畴是这样一些关系的表现，在这些关系中，较不发展的具体可以已经实现，而那些通过较具体的范畴在精神上表现出来的较多方面的联系或关系还没有产生；而比较发展的具体则把这个范畴当作一种从属关系保存下来。在资本存在之前，银行存在之前，雇佣劳动等等存在之前，货币能够存在，而且在历史上存在过。因此，从这一方面看来，可以说，比较简单的范畴可以表现一个比较不发展的整体的处于支配地位的关系或者一个比较发展的整体的从属关系，这些关系在整体向着以一个比较具体的范畴表现出来的方面发展之前，在历史上已经存在。在这个限度内，从最简单上升到复杂这个抽象思维的进程符合现实的［M—16］历史过程。

另一方面，可以说，有一些十分发展的、但在历史上还不成熟的社会形式，其中有最高级的经济形式，如协作、发达的分工等等，却不存在任何货币，秘鲁就是一个例子①。就在斯拉夫公社中，货币以及作为货币的条件的交换，也不是或者很少是出现在各个公社内部，而是出现在它们的边界上，出现在与其他公社的交往中，因此，把同一公社内部的交换当作原始构成因素，是完全错误的。相反地，与其说它起初发生在同一公社内部的成员间，不如说它发生在不同公社的相互关系中。其次，虽然货币很早就全面地发生作用，但是在古代它只是在片面发展的民族即商业民族中才是处于支配地位的因素。甚至在最文明的古代，在希腊人和罗马人那里，货币的充分发展——在现代的资产阶级社会中这是前提——只是出现在他们解体的时期。因此，这个十分简单的范畴，在历史上只有在最发达的社会状态下才表现出它的充分的力量。它决没有历尽一切经济关系。例如，在罗马帝国，在它最发达的时期，实物税和实物租仍然是基础。那里，货币制度原来只是在军队中得到充分发展。②它也从来没有掌握劳动的整个领域。

---

① 关于秘鲁被西班牙征服以前不存在任何货币的材料，马克思采自美国历史学家普雷斯科特的著作《秘鲁征服史。附印加文化概述》（三卷集）1850年伦敦第4版。马克思从这一著作第1卷所作的摘录，包含在马克思1850—1853年期间在伦敦写的经济学摘录笔记（以下简称《伦敦笔记》）的第XIV本笔记本中。关于印加人中不存在货币的情况，见该书第1卷第147页。
② 马克思在1857年9月25日致恩格斯的信中，较多地谈到了军队在经济发展中所起的重要作用，其中也涉及了货币在军队中的发展。

可见，比较简单的范畴，虽然在历史上可以在比较具体的范畴之前存在，但是，它在深度和广度上的充分发展恰恰只能属于一个复杂的社会形式，而比较具体的范畴在一个比较不发展的社会形式中有过比较充分的发展。

劳动似乎是一个十分简单的范畴。它在这种一般性上——作为劳动一般——的表象也是古老的。但是，在经济学上从这种简单性上来把握的"劳动"，和产生这个简单抽象的那些关系一样，是现代的范畴。例如，货币主义把财富看成还是完全客观的东西，看成自身之外的物，存在于货币中。同这个观点相比，重工主义或重商主义把财富的源泉从对象转到主体的活动——商业劳动和工业劳动，已经是很大的进步，但是，他们仍然只是把这种活动本身理解为局限于取得货币的活动。同这个主义相对立的重农主义把劳动的一定形式——农业——看作创造财富的劳动，不再把对象本身看作裹在货币的外衣之中，而是看作产品一般，看作劳动的一般成果了。这种产品还与活动的局限性相应而仍然被看作自然规定的产品——农业的产品，主要是土地的产品。

[M—17] 亚当·斯密大大地前进了一步，他抛开了创造财富的活动的一切规定性，——干脆就是劳动，既不是工业劳动，又不是商业劳动，也不是农业劳动，而既是这种劳动，又是那种劳动。有了创造财富的活动的抽象一般性，也就有了被规定为财富的对象的一般性，这就是产品一般，或者说

又是劳动一般，然而是作为过去的、对象化的劳动。这一步跨得多么艰难，多么巨大，只要看看连亚当·斯密本人还时时要回到重农主义，就可想见了。这也许会造成一种看法，好像由此只是替人——不论在哪种社会形式下——作为生产者在其中出现的那种最简单、最原始的关系找到了一个抽象表现。从一方面看来这是对的。从另一方面看来就不是这样。

对任何种类劳动的同样看待，以各种现实劳动组成的一个十分发达的总体为前提，在这些劳动中，任何一种劳动都不再是支配一切的劳动。所以，最一般的抽象总只是产生在最丰富的具体发展的场合，在那里，一种东西为许多东西所共有，为一切所共有。这样一来，它就不再只是在特殊形式上才能加以思考了。另一方面，劳动一般这个抽象，不仅仅是各种劳动组成的一个具体总体的精神结果。对任何种类劳动的同样看待，适合于这样一种社会形式，在这种社会形式中，个人很容易从一种劳动转到另一种劳动，一定种类的劳动对他们说来是偶然的，因而是无差别的。这里，劳动不仅在范畴上，而且在现实中都成了创造财富一般的手段，它不再是同具有某种特殊性的个人结合在一起的规定了。在资产阶级社会的最现代的存在形式——美国，这种情况最为发达。所以，在这里，"劳动"、"劳动一般"、直截了当的劳动这个范畴的抽象，这个现代经济学的起点，才成为实际上真实的东西。所以，这个被现代经济学提到首位的、表现出一种古老而适用于一切社会形式的关系的最简单的抽象,只有作为最现代的社会的范畴,才在这种抽象中表现为实际上真实的东西。人们也许会说,在美国表现为历史产物的东西——对任何劳动同样看待——,例如在俄罗斯人那里,就表现为天生的素质。但是,首先,是野蛮人具有能被使用于一切的素质,还是文明人自动去从事一切,是大有区别的。其次,在俄罗斯人那里,实际上同对任何种类劳动同样看待这一点相适应的,是传统地固定在一种十分确定的劳动上,他们只是由于外来的影响才从这种状态中解脱出来。

[M—18] 劳动这个例子令人信服地表明,哪怕是最抽象的范畴,虽然正是由于它们的抽象而适用于一切时代,但是就这个抽象的规定性本身来说,同样是历史条件的产物,而且只有对于这些条件并在这些条件之内才具有充分的适用性。

资产阶级社会是最发达的和最多样性的历史的生产组织。因此,那些表现它的各种关系的范畴以及对于它的结构的理解,同时也能使我们透视一切已经覆灭的社会形式的结构和生产关系。资产阶级社会借这些社会形式的残片和因素建立起来,其中一部分是还未克服的遗物,继续在这里存留着,一部分原来只是征兆的东西,发展到具有充分意义,等等。人体解剖对于猴体解剖是一把钥匙。反过来说,低等动物身上表露的高等动物的征兆,只有在高等动物本身已被认识之后才能理解。因此,资产阶级经济为古代经济等等提供了钥匙。但是，决不是像那些抹杀一切历史差别、把一切社会形式都看成资产阶级社会形式的经济学家所理解的那样。人们认识了地租，就能理解代役租、什一税等等。但是不应当把它们等同起来。

其次，因为资产阶级社会本身只是发展的一种对立的形式，所以，那些早期形式的各种关系，在它里面常常只以十分萎缩的或者完全歪曲的形式出现。公社所有制就是个例子。因此，如果说资产阶级经济的范畴适用于一切其他社会形式这种说法是对的，那么，这也只能在一定意义上来理解。这些范畴可以在发展了的、萎缩了的、漫画式的种种形式上，总是在有本质区别的形式上，包含着这些社会形式。所说的历史发展总是建立在这样的基础上的：最后的形式总是把过去的形式看成是向着自己发展的各个阶段，并且因为它很少而且只是在特定条件下才能够进行自我批判，——这里当然不是指作为崩溃时期出现的那样的历史时期，——所以总是对过去的形式作片面的理解。基督教只有在它的自我批判在一定程度上，可说是在可能范围内完成时，才有助于对早期神话作客观的理解。同样，资产阶级经济学只有在资产阶级社会的自我批判已经开始时，才能理解封建的、古代的和东方的经济。在资产阶级经济学没有用编造神话的办法把自己同过去的经济完全等同起来时，它对于以前的经济，特别是它曾经还不得不与之直接斗争的封建经济的批判，是与基督教对异教的批判或者新教对旧教的批判相似的。

[M—19] 在研究经济范畴的发展时，正如在研究任何历史科学、社会科学时一样，应当时刻把握住：无论在现实中或在头脑中，主体——这里是现代资产阶级社会——都是既定的；因而范畴表现这个一定社会即这个主体的存在形式、存在规定、常常只是个别的侧面；因此，这个一定社会**在科学上**也决不是在把它**当作这样一个社会**来谈论的时候才开始存在的。这必须把握住，因为这对于分篇直接具有决定的意义。

例如，从地租开始，从土地所有制开始，似乎是再自然不过的了，因为它是同土地，即同一切生产和一切存在的源泉结合着的，并且它又是同一切多少固定的社会的最初的生产形式即同农业结合着的。但是，这是最错误不过的了。在一切社会形式中都有一种一定的生产决定其他一切生产的地位和影响，因而它的关系也决定其他一切关系的地位和影响。这是一种普照的光，它掩盖了一切其他色彩，改变着它们的特点。这是一种特殊的以太，它决定着它里面显露出来的一切存在的比重。

以游牧民族为例（纯粹的渔猎民族还没有达到真正发展的起点）。他们偶尔从事某种形式的耕作。这样就规定了土地所有制。它是共同的，这种形式按照这些民族保持传统的程度而或多或少地保留下来，斯拉夫人中的公社所有制就是个例子。在从事定居耕作（这种定居已是一大进步），而且这种耕作像在古代社会和封建社会中那样处于支配地位的民族那里，连工业、工业的组织以及与工业相应的所有制形式都多少带着土地所有制的性质；或者像在古代罗马人中那样工业完全附属于耕作；或者像在中世纪那样工业在城市中和在城市的各种关系上模仿着乡村的组织。在中世纪，甚至资本——不是指纯粹的货币资本——作为传统的手工工具等等，也具有这种土地所有制的性质。

在资产阶级社会中情况则相反。农业越来越变成仅仅是一个工业部门，完全由资本支配。地租也是如此。在土地所有制处于支配地位的一切社会形式中，自然联系还占优势。在资本处于支配地位的社会形式中，社会、历史所创造的因素占优势。不懂资本便不能懂地租。不懂地租却完全可以懂资本。资本是资产阶级社会的支配一切的经济权力。它必须成为起点又成为终点，必须放在土地所有制之前来说明。分别考察了两者之后，必须考察它们的相互关系。

[M—20] 因此，把经济范畴按它们在历史上起决定作用的先后次序来排列是不行的，错误的。它们的次序倒是由它们在现代资产阶级社会中的相互关系决定的，这种关系同表现出来的它们的自然次序或者符合历史发展的次序恰好相反。问题不在于各种经济关系在不同社会形式的相继更替的序列中在历史上占有什么地位。更不在于它们在"观念上"（蒲鲁

东①）（在关于历史运动的一个模糊的表象中）的顺序。而在于它们在现代资产阶级社会内部的结构。

古代世界中商业民族——腓尼基人、迦太基人——表现的单纯性（抽象规定性），正是由农业民族占优势这种情况本身决定的。作为商业资本和货币资本的资本，在资本还没有成为社会的支配因素的地方，正是在这种抽象中表现出来。伦巴第人和犹太人对于经营农业的中世纪社会，也是处于这种地位。

还有一个例子，说明同一些范畴在不同的社会阶段有不同的地位，这就是资产阶级社会的最新形式之一：**股份公司**。但是，它还在资产阶级社会初期就以拥有特权和垄断权的大商业公司的形式出现。

17世纪经济学家无形中是这样接受国民财富这个概念的，即认为财富的创造仅仅是为了国家，而国家的实力是与这种财富成比例的，——这种观念在18世纪的经济学家中还部分地保留着。这是一种还不自觉的伪善形式，通过这种形式，财富本身和财富的生产被宣布为现代国家的目的，而现代国家被看成只是生产财富的手段。

———
① 蒲鲁东的观念顺序的历史，见他的《经济矛盾的体系，或贫困的哲学》（两卷集）1846年巴黎版，特别是第1卷第145—146页，马克思曾摘录并批判了蒲鲁东的这种观点。见《哲学的贫困》第2章第1节《方法》中的《第一个说明》，还可参看《剩余价值理论》第1册第2章第6节。

显然，应当这样来分篇：(1) 一般的抽象的规定，因此它们或多或少属于一切社会形式，不过是在上面所阐述的意义上。(2) 形成资产阶级社会内部结构并且成为基本阶级的依据的范畴。资本、雇佣劳动、土地所有制。它们的相互关系。城市和乡村。三大社会阶级。它们之间的交换。流通。信用事业（私人的）。(3) 资产阶级社会在国家形式上的概括。就它本身来考察。"非生产"阶级。税。国债。公共信用。人口。殖民地。向国外移民。(4) 生产的国际关系。国际分工。国际交换。输出和输入。汇率。(5) 世界市场和危机。

原著
选读

政治经济学批判（1857—1858年手稿）

Ⅱ.货币章

[货币的产生和本质]

一切产品和活动转化为交换价值，既要以生产中人的（历史的）一切固定的依赖关系的解体为前提，又要以生产者互相间的全面的依赖为前提。每个个人的生产，依赖于其他一切人的生产；同样，他的产品转化为他本人的生活资料，也要依赖于其他一切人的消费。价格古已有之，交换也一样；但是，价格越来越由生产费用决定，交换延及一切生产关系，这些只有在资产阶级社会里，自由竞争的社会里，才得到充分发展，并且发展得越来越充分。亚当·斯密按照真正的18世纪的方式列为史前时期的东西，先于历史的东西①，倒是历史的产物。

---

① 指亚·斯密在《国富论》第1卷第6章开头所提出的论断："在资本积累和土地私有制产生之前的社会原始不发达状态中"，商品的交换价值由生产这些商品所必需的劳动时间决定。马克思对斯密这一论点的评述，参看《剩余价值理论》第1册第3章第1节。
马克思在这里所使用的"生产费用"这一术语，其含义是"商品的内在的生产费用等于商品的价值，也就是等于商品生产所必需的劳动时间总量"。

这种互相依赖，表现在不断交换的必要性上和作为全面中介的交换价值上。经济学家是这样来表述这一点的：每个人追求自己的私人利益，而且仅仅是自己的私人利益；这样，也就不知不觉地为一切人的私人利益服务，为普遍利益服务。关键并不在于，当每个人追求自己私人利益的时候，也就达到私人利益的总体即普遍利益。从这种抽象的说法反而可以得出结论：每个人都互相妨碍别人利益的实现，这种一切人反对一切人的战争①所造成的结果，不是普遍的肯定，而是普遍的否定。关键倒是在于：私人利益本身已经是社会所决定的利益，而且只有在社会所设定的条件下并使用社会所提供的手段，才能达到；也就是说，私人利益是与这些条件和手段的再生产相联系的。这是私人利益；但它的内容以及实现的形式和手段则是由不以任何人为转移的社会条件决定的。

毫不相干的个人之间的互相的和全面的依赖，构成他们的社会联系。这种社会联系表现在交换价值上，因为对于每个个人来说，只有通过**交换价值**，他自己的活动或产品才成为他的活动或产品；他必须生产一般产品——**交换价值**，或本身孤立化的，个体化的交换价值，即**货币**。另一方面，每

---

① "一切人反对一切人的战争"（Bullum omnium contra omnes），英国哲学家托·霍布斯的这一用语，出自他1642年的论文《论公民》（《霍布斯哲学全集》1668年阿姆斯特丹版第1卷第7页）以及他用英文写的《利维坦：或教会国家和市民国家的实质、形式和权力》1651年伦敦版的拉丁文译本（《霍布斯哲学全集》1668年阿姆斯特丹版第2卷第83页）。

个个人行使支配别人的活动或支配社会财富的权力，就在于他是**交换价值**的或**货币**的所有者。他在衣袋里装着自己的社会权力和自己同社会的联系。

不管活动采取怎样的个人表现形式，也不管活动的产品具有怎样的特性，活动和活动的产品都是**交换价值**，即一切个性、一切特性都已被否定和消灭的一种一般的东西。这种情况实际上同下述情况截然不同：个人或者自然地或历史地扩大为家庭和氏族（以后是共同体）的个人，直接地从自然界再生产自己，或者他的生产活动和他对生产的参与依赖于劳动和产品的一定形式，而他和别人的关系也是这样决定的。

活动的社会性质，正如产品的社会形式和个人对生产的参与，在这里表现为对于个人是异己的东西，物的东西；不是表现为个人的相互关系，而是表现为他们从属于这样一些关系，这些关系是不以个人为转移而存在的，并且是由毫不相干的个人互相的利害冲突而产生的。活动和产品的普遍交换已成为每一单个人的生存条件，这种普遍交换，他们的相互联系，表现为对他们本身来说是异己的、独立的东西，表现为一种物。在交换价值上，人的社会关系转化为物的社会[Ⅰ—21]关系；人的能力转化为物的能力。交换手段拥有的社会力量越小，交换手段同直接的劳动产品的性质之间以及同交换者的直接需要之间的联系越是密切，把个人互相联结起来的共同体的力量就必定越大——家长制的关系，古代共同体，封建制度和行会制度（见我的笔记本第 XII 本第 34b 页①）。

每个个人以物的形式占有社会权力。如果从物那里夺去这种社会权力，那么你们就必然赋予人以支配人的这种权力。人的依赖关系（起初完全是自然发生的），是最初的社会形式，在这种形式下，人的生产能力只是在狭小的范围内和孤立的地点上发展着。以**物的**依赖性为基础的人的独立性，是第二大形式，在这种形式下，才形成普遍的社会物质变换、全面的关系、多方面的需要以及全面的能力的体系。建立在个人全面发展和他们共同的、社会的生产能力成为从属于他们的社会财富这一基础上的自由个性，是第三个阶段。第二个阶段为第三个阶段创造条件。因此，家长制的，古代的（以及封建的）状态随着商业、奢侈、**货币**、**交换价值**的发展而没落下去，现代社会则随着这些东西同步发展起来。

交换和分工互为条件。因为每个人为自己劳动，而他的产品并不是为他自己使用，所以他自然要进行交换，这不仅是为了参加总的生产能力，而且是为了把自己的产品变成自己的生活资料（见我的《经济学评论》第 V（13、14）页）②。以交换价值和货币为中介的交换，诚然以生产者互相间的全面依赖为前提，但同时又以生产者的私人利益完全隔

---

① 马克思的这个笔记本至今尚未找到。
② 马克思的这篇手稿至今尚未找到。

离和社会分工为前提,而这种社会分工的统一和互相补充,仿佛是一种自然关系,存在于个人之外并且不以个人为转移。普遍的需求和供给互相产生的压力,作为中介使漠不关心的人们发生联系。

个人的产品或活动必须先转化为**交换价值**的形式,转化为**货币**,并且个人通过这种**物**的形式才取得和证明自己的社会**权力**,这种必然性本身证明了两点:(1)个人还只能为社会和在社会中进行生产;(2)他们的生产不是**直接的**社会的生产,不是本身实行分工的联合体的产物。个人从属于像命运一样存在于他们之外的社会生产;但社会生产并不从属于把这种生产当作共同财富来对待的个人。因此,正像前面谈到发行小时券的银行时看到的那样,设想在**交换价值**,在**货币**的基础上,由联合起来的个人对他们的总生产实行控制,那是再错误再荒谬不过的了。

一切劳动产品、能力和活动进行**私人交换**,既同以个人相互之间的统治和从属关系(自然发生的或政治性的)为基础的分配相对立(不管这种统治和从属的性质是家长制的,古代的或是封建的)(在这种情况下,真正的**交换**只是附带进行的,或者大体说来,并未触及整个共同体的生活,不如说只发生在不同共同体之间,决没有征服全部生产关系和交往关系),又同在共同占有和共同控制生产资料的基础上联合起来的个人所进行的自由交换相对立。(这种联合不是任意的事情,它以物质条件和精神条件的发展为前提,这一点在这里就不进一步论述了。)

分工产生出密集、结合、协作、私人利益的对立、阶级利益的对立、竞争、资本积聚、垄断、股份公司,——全都是对立的统一形式,而统一又引起对立本身,——同样,私人交换产生出世界贸易,私人的独立性产生出对所谓世界市场的完全的依赖性,分散的交换行为产生出银行制度和信用制度,这些制度的簿记[I—22]至少可以使私人交换进行结算。虽然每个民族的私人利益把每个民族有多少成年人就分成多少个民族,并且同一民族的输出者和输入者之间的利益在这里是互相对立的;可是在汇率中,民族商业却获得了存在的**假象**,等等。谁也不会因此认为,通过**交易所改革**就可以铲除对内或对外的私人商业的**基础**。但是,在以**交换价值**为基础的资产阶级社会内部,产生出一些交往关系和生产关系,它们同时又是炸毁这个社会的地雷。(有大量对立的社会统一形式,而这些形式的对立性质决不是通过平静的形态变化就能炸毁的。另一方面,如果我们在现在这样的社会中没有发现隐蔽地存在着无阶级社会所必需的物质生产条件和与之相适应的交往关系,那么一切炸毁的尝试都是唐·吉诃德的荒唐行为。)

对于货币的一种形式——指货币充当交换**手段**(而不是

交换价值的**尺度**)——经济学家们都清楚，货币存在的前提是社会联系的物化；这里指的是货币表现为**抵押品**，一个人为了从别人那里获得商品，就必须把这种抵押品留在别人手里。在这种场合，经济学家自己就说，人们信赖的是物（货币），而不是作为人的自身。但为什么人们信赖物呢？显然，仅仅是因为这种物是人们互相间**物化的关系**，是物化的交换价值，而交换价值无非是人们互相间生产活动的关系。每一种别的抵押品对抵押品持有者可以直接作为抵押品来用，而货币对于他只作为"**社会的抵押品**"[①]来用，但货币所以是这种抵押品，只是由于它具有社会的（象征性的）属性；货币所以能拥有社会的属性，只是因为各个人让他们自己的社会关系作为对象同他们自己相异化。

---

① 马克思把货币称为"抵押品"或"社会的抵押品"，一方面是指亚里士多德的用语(见《尼科马赫伦理学》第5卷第8章第14节)，另一方面是指英国经济学家贝勒斯对货币下的定义(见贝勒斯《论贫民、工业、贸易、殖民地和道德堕落》1699年伦敦版第13页)。马克思在《七个笔记本的索引》中引用了亚里士多德的话，在《资本论》第1卷第3章第(88)注中引用了贝勒斯的话。

马克思在他的《伦敦笔记》第二加工阶段的笔记《完成的货币体系》第34页中简短地概括了毕希的论点："货币是资产阶级社会的普遍抵押品。"(见毕希《从国家经济和商业来看的货币流通》1800年汉堡—基尔第2版第1卷第298—299页)，马克思在《伦敦笔记》第Ⅵ笔记本中还摘录了洛克关于"货币是抵押品"的说法[见洛克1691年的著作《论降低利息和提高货币价值的后果》，载于《洛克著作集》(四卷集)1768年伦敦版第2卷第15页]。

[货币流通和货币的三种规定]

(c) 货币作为财富的物质代表（货币积累；在此之前货币还作为缔结契约的一般材料等等）

我们已经看到，在简单流通本身中（即处于运动中的交换价值中），个人相互间的行为，按其内容来说，只是彼此关心满足自身的需要，按其形式来说，只是交换，设定为等同物（等价物），所以在这里，所有权还只是表现为通过劳动占有劳动产品，以及通过自己的劳动占有他人劳动的产品，只要自己劳动的产品被他人的劳动购买便是如此。对他人劳动的所有权是以自己劳动的等价物为中介而取得的。所有权的这种形式——正像自由和平等一样——就是建立在这种简单关系上的。在交换价值进一步的发展中，这种情况就会发生变化，并且最终表明，对自己劳动产品的私人所有权也就是劳动和所有权的分离；而这样一来，劳动=创造他人的所有权，所有权将支配他人的劳动。

在货币作为货币的完全的规定性上理解货币特别困难，——政治经济学企图回避这些困难，办法是抓住货币的一种规定忘记另一种规定，而当面临一种规定时又求助于另一种规定，——因为在这里，社会关系，个人和个人彼此之间的一定关系，表现为一种金属，一种矿石，一种处在个人之外的、本身可以在自然界中找到的纯物体，在这种物体上，形式规定和物体的自然存在再也区分不开了。金银本身不是货币。自然界并不出产货币，正如自然界并不出产汇率或银行家一样。[①]在秘鲁和墨西哥，以前金银并没有充当货币，尽管已经有用金银做的装饰品，尽管那里已经有成熟的生产体系。充当货币不是金银的自然属性，因而这是物理学家和化学家等等所根本不了解的。但货币直接是金银。货币作为尺度来看，形式规定仍占优势，作为铸币就更是这样，因为形式规定甚至通过铸币的花纹在外表上显示出来；但是在第三种规定上，也就是在货币的完成形态上，即充当尺度和铸币仅仅表现为货币的职能时，一切形式规定都消失了，或者说，一切形式规定都同货币的金属存在直接合而为一了。在金银上丝毫也看不出它们作为货币的规定不过是社会过程的结果；金银**是**货币。

理解作为货币的金银之所以更加困难，是因为金银对于活的个人的直接使用价值同它们作为货币的作用毫无关系，而且一般说来，在作为纯粹交换价值的化身的金银身上，人们丝毫也不会想到不同于交换价值的使用价值。因此，包含在交换价值以及与之相适应的社会生产方式中的基本矛盾，在这里最纯粹地表现出来了。我们在前面已经批判了企图消

[①] 马克思后来在《政治经济学批判》第1分册第2章第4节《贵金属》中，再次阐述了自然界不出产货币的观点。

除这一矛盾的一些尝试，这些尝试是要剥掉货币的金属形式，并且也从外表上使货币成为由社会**设定的东西**，成为某种社会关系的表现；这些尝试的最新形式可能就是劳动货币的形式。现在可以很清楚地看到，只要交换价值的基础保持不变，所有这些尝试都是徒劳的，而那种认为金属货币似乎使交换遭到歪曲的错觉，是由于根本不了解金属货币的性质产生的。另一方面，同样可以很清楚地看到，随着占统治地位的生产关系的对立面的成长，以及这种生产关系本身越来越强烈地要蜕皮，攻击的矛头就越来越指向金属货币或货币本身，因为货币是使制度表现得非常明显的一种最引人注目、最矛盾、最尖锐的现象。于是有人就在货币身上费尽心机，企图消除对立，其实货币只是这些对立的明显的现象。同样可以很清楚地看到，只要对货币的攻击看起来会使一切其他东西原封不动，而且只是做一些修补，那么人们可以在货币上采取一些革命措施。在这种情况下，人们是手打麻袋意在驴子。但是，只要驴子没有感到麻袋上的打击，人们实际上打的就只是麻袋而不是驴子。一旦驴子感觉到了，那么，人们打的就是驴子而不是麻袋。只要这些措施针对货币本身，这就只是对结果的攻击，而产生这些结果的原因仍然存在；可见，这只是对生产过程的干扰，但生产过程的牢固基础仍然有力量通过或多或少暴力的反作用，使这种干扰成为只是暂时的**干扰**并加以控制。

另一方面，既然迄今为止对货币关系的阐述是在其纯粹形式上进行的，并没有同发展程度较高的生产关系联系起来，那么，货币关系的规定的特点就在于：在从简单意义上来理解的货币关系中，资产阶级社会的一切内在的对立在表面上看不见了，因此，资产阶级民主派比资产阶级经济学家（后者至少是前后一贯的，以致他们会后退到交换价值的和交换的更简单的规定上去）更多地求助于这种简单的货币关系，来为现存的经济关系辩护。

实际上，只要把商品或劳动还只是看作交换价值，只要把不同商品互相之间发生的关系看作这些交换价值彼此之间的交换，看作它们之间的等同，那就是把进行这一过程的个人即主体只是单纯地看作交换者。只要考察的是形式规定，——而且这种形式规定是经济规定，是个人借以互相发生交往关系的规定，是他们的社会职能的或彼此之间社会关系的指示器，——那么，在这些个人之间就绝对没有任何差别。每一个主体都是交换者，也就是说，每一个主体和另一个主体发生的社会关系就是后者和前者发生的社会关系。因此，作为交换的主体，他们的关系是**平等**的关系。在他们之间看不出任何差别，更看不出对立，甚至连丝毫的差异也没有。其次，他们所交换的商品作为交换价值是等价物，或者至少当作等价物（在相互估价时只可能发生主观上的错误，如果一个人欺骗了另一个人，那么这种情况**不是由于他们借**

以互相对立的**社会职能的性质**造成的，因为这种社会职能**是一样的**；**他们**在社会职能上**是平等的**；而只是由于有的人生来狡猾、能言善辩等等造成的，总之，只是由于一个人对另一个人具有纯粹个人的优势造成的。差别只会是同关系自身的性质毫不相干的自然差别。从以后的研究中可以看到，这种自然差别甚至还会由于竞争等等而缩小，并失去其原有的力量）。

只要考察的是纯粹形式，关系的经济方面，——处在这一形式之外的内容在这里其实还完全不属于经济学的范围，或者说，表现为不同于经济内容的自然内容，可以说，它同经济关系还是完全分开的，因为它同经济关系还是直接重合的[①]，——那么，在我们面前出现的就只是形式上不同的三种要素：关系的主体，**交换者**，他们处在同一规定中；他们交换的对象，交换价值，**等价物**，[Ⅱ—9]它们不仅相等，而且确实必须相等，还要被承认为相等；最后，交换行为本身，中介作用，通过这种中介作用，主体才表现为交换者，相等

---

① 关于交换过程的自然内容最初"仍然是同经济关系完全分开的，因为它仍然是同经济关系直接重合的"这一论点，马克思后来在《政治经济学批判》第1分册第1章《商品》中作了说明。马克思在那里说，在直接的物物交换（交换过程的最初形式）的情况下，"交换价值还没有取得独立的形式，它还直接和使用价值结合在一起"。在交换的这一发展阶段上，使用价值构成财富的内容，而同财富的社会形式"无关"。"同经济上的形式规定像这样无关的使用价值……不属于政治经济学的研究范围"。

的人，而他们的客体则表现为等价物，相等的东西。等价物是一个主体对于其他主体的对象化；这就是说，它们本身的价值相等，并且在交换行为中证明自己价值相等，同时证明彼此漠不关心。主体只有通过等价物才在交换中彼此作为价值相等的人，而且他们只是通过彼此借以为对方而存在的那种对象性的交换，才证明自己是价值相等的人。因为他们只有作为等价物的所有者，并作为在交换中这种相互等价的证明者，才是价值相等的人，所以他们作为价值相等的人同时是彼此漠不关心的人；他们在其他方面的个人差别与他们无关；他们不关心他们在其他方面的一切个人特点。

交换行为不仅设定并证明交换价值，而且设定并证明作为交换者的主体，至于说交换行为以外的内容，那么这个处在经济形式规定之外的内容只能是：（1）被交换的商品的自然特性，（2）交换者的特殊的自然需要，或者把二者合起来说，被交换的商品的不同的使用价值。因此，这种使用价值，即完全处在交换的经济规定之外的交换内容，丝毫无损于个人的社会平等，相反地却使他们的自然差别成为他们的社会平等的基础。如果个人A和个人B的需要相同，而且他们都把自己的劳动实现在同一对象中，那么他们之间就不会有任何关系；从他们的生产方面来看，他们根本不是不同的个人。他们两个人都需要呼吸，空气对他们两个人来说都是作为大气而存在；这一切都不会使他们发生任何社会接触；作为呼吸着的个人，他们只是作为自然物，而不是作为人格互相发生关系。只有他们在需要上和生产上的差别，才会导致交换以及他们在交换中的社会平等化；因此，这种自然差别是他们在交换行为中的社会平等的前提，而且也是他们相互作为生产者出现的那种关系的前提。从这种自然差别来看，个人A是个人B所需要的某种使用价值的所有者，B是A所需要的某种使用价值的所有者。从这方面说，自然差别又使他们互相发生平等的关系。但是，他们因此并不是彼此漠不关心的人，而是互为一体，互相需要，于是客体化在商品中的个人B就成为个人A的需要，反过来也一样；于是他们彼此不仅处在平等的关系中，而且也处在社会的关系中。

不仅如此。一个人的需要可以用另一个人的产品来满足，反过来也一样；一个人能生产出另一个人所需要的对象，每一个人在另一个人面前作为这另一个人所需要的客体的所有者而出现，这一切表明：每一个人作为**人**超出了他自己的特殊需要等等，他们是作为人彼此发生关系的；他们都意识到他们共同的类的本质。而且，大象为老虎生产，或者一些动物为另一些动物生产的情况，是不会发生的。例如，一窝蜜蜂实质上只是一只蜜蜂，它们都生产同一种东西。

其次，既然个人之间以及他们的商品之间的这种自然差别（产品、劳动等等在这里还是完全没有差别的，而只以商品的形式，或者像巴师夏先生采用萨伊的用语所说的，以**服**

务[①]的形式存在；巴师夏把交换价值的经济规定归结为交换价值的自然内容，即商品或服务，也就是说，他没有能力掌握交换价值本身的经济关系，而他却自以为，比起那些能够在生产关系的规定性上即生产关系的纯粹形式上掌握生产关系本身的英国古典经济学家来，他是前进了一大步），是使这些个人结为一体的动因，是使他们作为交换者发生他们被**假定为**和被**证明为**平等的人的那种社会关系的动因，那么除了平等的规定以外，还要加上**自由**的规定。尽管个人A需要个人B的商品，但他并不是用暴力去占有这个商品，反过来也一样，相反地他们互相承认对方是所有者，是把自己的意志渗透到商品中去的人格。因此，在这里第一次出现了人格这一法的因素以及其中包含的自由的因素。谁都不用暴力占有他人的财产。每个人都是自愿地转让财产。

但还不仅如此：只有当个人B用商品b为个人A的需要服务，并且只是由于这一原因，个人A才用商品a为个人B的需要服务。反过来也一样。每个人为另一个人服务，目的

---

① 关于萨伊、巴师夏及其他庸俗经济学家所说的"服务"这一范畴，参见《政治经济学批判》第1分册第1章《商品》、《资本论》第1卷第5章第(16)注、《剩余价值理论》第1册《附录》第12节(e)。全部商品交换，无论是直接的物物交换条件下的商品交换，还是商品货币流通条件下的商品交换，他们都归结为互相交换"服务"。巴师夏指的是农业劳动者、面包业主、制鞋业者、织布业者、机器制造业者、教师、医生、律师等的"服务"。见弗·巴师夏《经济的和谐》1851年巴黎第2版第87—169页。

是为自己服务；每一个人都把另一个人当作自己的手段互相利用。这两种情况在两个个人的意识中是这样出现的：（1）每个人只有作为另一个人的手段才能达到自己的目的；（2）每个人只有作为自我目的（自为的存在）才能成为另一个人的手段（为他的存在）；（3）每个人是手段同时又是目的，而且只有成为手段才能达到自己的目的，只有把自己当作自我目的才能成为手段，也就是说，每个人只有把自己当作自为的存在才把自己变成为他的存在，而他人只有把自己当作自为的存在才把自己变成为前一个人的存在，——这种相互关联是一个必然的事实，它作为交换的自然条件是交换的前提，但是，这种相互关联本身，对交换主体双方中的任何一方来说，都是他们毫不关心的，只有就这种相互关联把他的利益当作排斥他人利益的东西，与他人的利益不相干而加以满足这一点来说，才和他有利害关系。

[Ⅲ. 资本章]

[第一篇 资本的生产过程]

[货币转化为资本]

换句话说，表现为全部行为的动因的共同利益，虽然被双方承认为事实，但是这种共同利益本身不是动因，它可以说只是发生在自身反映①的特殊利益背后，发生在同另一个人的个别利益相对立的个别利益背后。就最后这一点来说，个人至多还能有这样一种安慰感：他的对立的个别利益的满足，正好就是被扬弃的［Ⅱ—10］对立面即一般社会利益的实现。从交换行为本身出发，个人，每一个个人，都自身反映为排他的并占支配地位的（具有决定作用的）交换主体。因而这就确立了个人的完全自由：自愿的交易；任何一方都不使用暴力；把自己当作手段，或者说当作提供服务的人，只不过是当作使自己成为自我目的、使自己占支配地位和主宰地位的手段；最后，是自私利益，此外并没有更高的东西要去实现；另一个人也被承认并被理解为同样是实现其自私利益的

---

① 自身反映（Reflexion in sich）是黑格尔的哲学用语。在黑格尔《逻辑学》的本质论中，他认为在概念发展的第一阶段上，某一概念规定反映在自己身上，如"甲=甲"，也就是尚未反映在他物上。

人，因此双方都知道，共同利益恰恰只存在于双方、多方以及各方的独立之中，共同利益就是自私利益的交换。一般利益就是各种自私利益的一般性。

因此，如果说经济形式，交换，在所有方面确立了主体之间的平等，那么内容，即促使人们去进行交换的个人和物质材料，则确立了**自由**。可见，平等和自由不仅在以交换价值为基础的交换中受到尊重，而且交换价值的交换是一切**平等**和**自由**的生产的、现实的基础。作为纯粹观念，平等和自由仅仅是交换价值的交换的一种理想化的表现；作为在法律的、政治的、社会的关系上发展了的东西，平等和自由不过是另一次方上的这种基础而已。而这种情况也已为历史所证实。这种意义上的平等和自由恰好是古代的自由和平等的反面。古代的自由和平等恰恰不是以发展了的交换价值为基础，相反地是由于交换价值的发展而毁灭。上面这种意义上的平等和自由所要求的生产关系，在古代世界还没有实现，在中世纪也没有实现。古代世界的基础是直接的强制劳动；当时共同体就建立在这种强制劳动的现成基础上；作为中世纪的基础的劳动，本身是一种特权，是尚处在特殊化状态的劳动，而不是生产一般交换价值的劳动。［资本主义社会里的］劳动既不是强制劳动，也不是中世纪那种要听命于作为上级机构的共同组织（同业公会）的劳动。

交换者之间［的关系］从交换的动因来看，也就是从经济过程之外的自然动因来看，也要以某种强制为基础，这种说法虽然是正确的，但是，这种关系，从一方面来看，本身只是表示另一个人对我的需要本身漠不关心，对我的自然个性漠不关心，也就是表示他同我平等和他有自由，但是他的自由同样也是我的自由的前提；另一方面，就我受到我的需要的决定和强制来说，对我施行强制的，不是异己的东西，只是作为需要和欲望的总体的我自己的自然（或者说，处在一般的反思形式上的我的**利益**）。但使我能强制另一个人，驱使他进入交换制度的，也正是这一方面。

因此，罗马法规定**奴隶**是不能通过交换为自己取得任何东西的人，这是有道理的（见《法学阶梯》①）。由此也可以明白，罗马**法**虽然是与交换还很不发达的社会状态相适应的，但是，从交换在一定的范围内已有所发展来说，它仍能阐明**法人**，**进行交换的个人的各种规定**，因而能成为工业社会的法的先声（就基本规定来说），而首先为了和中世纪相对抗，它必然被当作新兴资产阶级社会的法来看。不过，罗马法的发展本身和罗马共同体的解体也是完全一致的。

因为货币才是交换价值的实现，因为只有在发达的货币

---

① 《罗马法全书》是调节罗马奴隶制社会的关系的一部民法汇编，它是6世纪查士丁尼皇帝在位时编纂的。全书包括《查士丁尼法典》《学说汇纂》《法学阶梯》和《新律》四个部分。马克思在这里可能引自《法学阶梯》的下列条文：1"凡奴隶所得之物，皆为其主人所得之物"(《法学阶梯》Ⅰ,8)。3"受另一人支配的奴隶本身不得拥有财产"。

制度下交换价值制度才能实现，或者反过来也一样，所以货币制度实际上只能是这种自由和平等制度的实现。作为尺度，货币只是给予等价物以特定的表现，使它在形式上也成为等价物。在流通中固然还可以看到下述形式的差别：交换者双方作为买者和卖者在不同的规定中出现；交换价值一次是在货币的形式上表现为一般交换价值，另一次是在具有价格的自然商品上表现为特殊交换价值，但是，首先，这些规定会互相转换；流通本身不会产生不平等，而只会产生平等，把那仅仅是想象的差别扬弃。不平等只是纯粹形式上的不平等。最后，货币本身是流通的，所以时而出现在这个人手里，时而又出现在那个人手里，而出现在谁手里对货币来说是无所谓的，——在这种货币上，现在平等甚至在物质上也表现出来了。就交换过程来考察，每一个人对另一个人表现为货币所有者，表现为货币本身。因此，彼此漠不关心和相互等值的情况明显地以物的形式存在着。商品身上的特殊的自然差别消失了，并且不断地由于流通而消失。对卖者来说，一个用3先令购买商品的工人和一个用3先令购买商品的国王，两者职能相同，地位平等——都表现为3先令的形式。他们之间的一切差别都消失了。卖者作为卖者只表现为一个价格3先令的商品的所有者，所以双方完全平等，只是这3先令一次是以银的形式存在，另一次是以砂糖等等的形式存在。

在货币的第三种形式上，过程的各个主体之间似乎可能出现某种不同的规定。但是,当货币在这里表现为契约上的材料,契约上的一般商品时,立约者和立约者之间的一切差别反而消失了。当货币成为积累的对象时,主体在这里就只是从流通中抽出货币即财富的一般形式,[Ⅱ—11]而不是从流通中抽出同等价格的商品。因而,如果一个人积累,另一个人不积累,那么他们中间谁也没有给对方造成损失。一个人享有现实财富,另一个人占有财富的一般形式。如果一个人变穷了,另一个人变富了,那么这是他们的自由意志,而决不是由经济关系即他们彼此发生的经济联系本身所造成的。甚至遗产继承以及使由此引起的不平等永久化的这类的法的关系,都丝毫无损于这种自然的自由和平等。只要个人A的最初状况同这个制度并不矛盾,那么这种矛盾也决不会由于个人B代替了个人A并使A的最初状况永久化而产生出来。相反地,这种情况却会使社会规定的效力超过个人生命的自然界限:巩固这种社会规定以对抗自然的偶然作用,因为自然的影响本身反而会消灭个人的自由。此外,因为个人在这种关系中只是货币的个体化,所以个人本身同货币一样也是不死的,而个人通过继承人来代表自己倒可以说是这种社会规定的贯彻。

如果这种看法不是从它的历史意义上提出,而是被利用来反驳比较发达的经济关系,——在这种发达的关系中,个人不再仅仅表现为交换者即买者和卖者,而是出现在一定的相互关系中，不再是所有的人都处于同一的规定性之中，——那么，这就等于断言，自然物之间不存在任何差别，更不用说对立和矛盾了，因为它们，例如从重量这个规定来看，都有重量，因此都是等同的；或者说，它们是等同的，因为它们都存在于三维空间。在这里，同样也是抓住交换价值本身的简单规定性，来反对交换价值的比较发达的对抗形式。从科学的进程来考察，这些抽象规定恰恰是最早的和最贫乏的规定；它们部分地在历史上也是这样出现过的；比较发达的规定是较晚出现的规定。在现存的资产阶级社会的总体上，商品表现为价格以及商品的流通等等，只是表面的过程，而在这一过程的背后，在深处，进行的完全是不同的另一些过程，在这些过程中个人之间这种表面上的平等和自由就消失了。

一方面，人们忘记了：交换价值作为整个生产制度的客观基础这一**前提**，从一开始就已经包含着对个人的强制，个人的直接产品不是为个人自己的产品，只有在社会过程中它才**成为**这样的产品，因而**必须**采取这种一般的并且诚然是外部的形式；个人只有作为交换价值的生产者才能存在，而这种情况就已经包含着对个人的自然存在的完全否定；因而个人完全是由社会所决定的；其次，这种情况又要以分工等等为前提，个人在分工中所处的关系已经不同于单纯**交换者**之间的关系，等等。也就是说，人们忘记了，交换价值这一前提决不是从个人的意志产生，也不是从个人的直接自然产生，它是一个**历史**的前提，它已经使个人成为由社会**决定**的人了。

另一方面，人们忘记了，那些现在存在着交换或靠交换来实现的生产联系的较高级的形式，决不会停留在这样一种简单的规定性上，在这种规定性上，所达到的最大差别是形式上的差别，因而是无关紧要的差别。

最后，人们没有看到，在交换价值和货币的简单规定中已经潜在地包含着工资和资本的对立等等。可见，[资产阶级辩护论者的]这全部聪明才智不过是要停留在最简单的经济关系上，这些经济关系单独来看，是纯粹的抽象，但在现实中却是以各种最深刻的对立为中介的，并且只反映上述对立表现消失不见的那一个方面。

另一方面，这里恰好也暴露了社会主义者的愚蠢（特别是法国社会主义者的愚蠢，他们想要证明，社会主义就是实现由法国革命所宣告的**资产阶级**社会的理想），他们论证说，交换、交换价值等等**最初**（在时间上）或者按其**概念**（在其最适当的形式上）是普遍自由和平等的制度，但是被货币、资本等等歪曲了。或者他们论证说，历史迄今为止企图以适合自由和平等的真实性质的方式来实现自由和平等的一切尝试都失败了，而现在他们，例如蒲鲁东，发现了用这些关系的真正历史来代替它们的虚假历史的真正秘诀。对于这些社会主义者必须这样回答：交换价值，或者更确切地说，货币制度，事实上是平等和自由的制度，而在这个制度更进一步的发展中对平等和自由起干扰作用的，是这个制度所固有的干扰，这正好是**平等和自由**的实现，这种平等和自由证明本身就是不平等和不自由。认为交换价值不会发展成为资本，或者说，生产交换价值的劳动不会发展成为雇佣劳动，这是一种虔诚而愚蠢的愿望。这些先生不同于资产阶级辩护论者的地方就是：一方面他们觉察到这种制度所包含的矛盾，另一方面抱有空想主义，不理解资产阶级社会的现实的形态和观念的形态之间必然存在的差别，因而愿意做那种徒劳无益的事情，希望重新实现观念的表现本身，而观念的表现实际上只是这种现实的映象。

〔Ⅰ.(1)资本的一般概念。(2)资本的特殊性：流动资本，固定资本。(资本作为生活资料，作为原料，作为劳动工具。)(3)资本作为货币。Ⅱ.(1)**资本的量**。**积累**。(2)**用自身计量的资本**。**利润**。**利息**。**资本的价值**：即同作为利息和利润的自身相区别的资本。(3)**诸资本的流通**。(α)资本和资本相交换。资本和收入相交换。资本和**价格**。(β)**诸资本的竞争**。(γ)**诸资本的积聚**。Ⅲ.资本作为信用。Ⅳ.资本作为股份资本。Ⅴ.**资本作为货币市场**。Ⅵ.资本作为财富的源泉。资本家。在资本之后可以考察土地所有制。然后考察雇佣劳动。以所有这三者为前提，**价格运动**，现在是作为在流通的内在整体性上被规定的流通。另一方面，三个阶级作为在生产的三种基本形式上和流通的各种前提上来看的生产。然后是**国家**。(国家和资产阶级社会。——赋税或非生产阶级的存在。——国债。——人口。——国家对外：殖民地。对外贸易。汇率。货币作为国际铸币。——最后，世界市场。资产阶级社会越出国家的界限。危机。以交换价值为基础的生产方式和社会形式的解体。个人劳动实际成为社会劳动以及相反的情况。）]

[**资本和劳动的交换**]

同资本这个已设定的①交换价值相对立的**使用价值**，就是**劳动**。资本只有同**非资本**，同资本的否定相联系，才发生交换，或者说才存在于这种规定性上，它只有同资本的否定发生关系才是资本；实际的非资本就是**劳动**。

当我们考察资本和劳动的交换时，我们看到，这种交换分解为两个不仅在形式上而且在质上不同的，甚至是互相对立的过程：

（1）工人拿自己的商品，劳动，即作为商品同其他一切

---

① 设定，被设定的（das Gesetzte）是黑格尔的哲学术语，指和无条件的、原初的、第一性的东西相区别的某种受制约的东西，不以本身为根据而以他物为根据的某种东西。关于商品的价值表现为设定的东西，还可参看《剩余价值理论》第3册第20章第3节(d)。

商品一样也有**价格**的使用价值，同资本出让给他的一定数额的交换价值，即一定数额的货币相交换。

（2）资本家换来劳动本身，这种劳动是创造价值的活动，是生产劳动；也就是说，资本家换来这样一种生产力，这种生产力使资本得以保存和倍增，从而变成了资本的生产力和再生产力，一种属于资本本身的力。

这两个过程的分离是一目了然的，它们可以在时间上分开，完全不必同时发生。第一个过程可以在第二个过程刚开始以前就已完成，或者在一定程度上已大部分完成。第二个行为的完成以产品的完成为前提。工资的支付不能等到产品完成的时候。我们将会看到，工资不能等到产品完成时才支付这一点，甚至是关系的本质规定。

在简单交换中，在流通中，不发生这种二重的过程。如果商品a同货币b相交换，而后者又同供消费用的商品c——它是a本来的交换对象——相交换，那么商品c的使用即消费，完全是在流通以外进行的；这是与这种关系的形式毫不相干的；这是在流通本身的彼岸实现的，并且是纯粹物质方面的事情，它只是表示自然状态的个人A同他的个别需要对象之间的关系。对于商品c如何处理，这是属于经济关系以外的问题。

相反，在这里，**用货币交换来的东西的使用价值**表现为**特殊的经济关系，用货币交换来的东西的一定用途构成两个**

过程的最终目的。因此，这一点已经在形式上把资本和劳动间的交换同简单交换区别开了，这是两个不同的过程。

其次，如果我们考察资本和劳动间的交换同简单交换（流通）在内容上的区别，那么我们会发现，这种区别不是通过外表上的关联或比较而产生的，而是在资本和劳动相交换的过程的总体中，第二个形式本身就使自己同第一个形式区别开了，这种比较本身已经包含在过程中。第二个行为——资本占有劳动的特殊过程就是第二个行为——同第一个行为的区别，恰恰是资本和劳动间的交换同以货币为中介的商品交换的区别。**在资本和劳动的交换中第一个行为是交换，它完全属于普通的流通范畴；第二个行为是在质上与交换不同的过程，只是由于滥用字眼**，它才会被称为某种交换。这个过程是直接同交换对立的；它本质上是另一种范畴。

〔**资本**。

Ⅰ.**一般性**：(1)(a) 由货币生成资本。(b) 资本和劳动（以**他人**劳动为中介）。(c) 按照同劳动的关系而分解成的资本各要素（产品。原料。劳动工具）。(2) **资本的特殊化**：(a) 流动资本，固定资本。资本流通。(3) **资本的个别性**：资本和利润。资本和利息。资本作为**价值**同作为利息和利润的自身相区别。

Ⅱ.**特殊性**：(1) 诸资本的积累。(2) 诸资本的竞争。(3) 诸资本的积聚（资本的量的差别同时就是质的差别，就是资本的大小和作用的**尺度**）。

［Ⅱ—23］Ⅲ.**个别性**：(1) 资本作为信用。(2) 资本作为股份资本。(3) 资本作为货币市场。

因此，如果说以资本为基础的生产，一方面创造出普遍的产业劳动，即剩余劳动，创造价值的劳动，那么，另一方面也创造出一个普遍利用自然属性和人的属性的体系，创造出一个普遍有用性的体系，甚至科学也同一切物质的和精神的属性一样，表现为这个普遍有用性体系的体现者，而在这个社会生产和交换的范围之外，再也没有什么东西表现为**自在的更高的东西**，表现为自为的合理的东西。因此，只有资本才创造出资产阶级社会，并创造出社会成员对自然界和社会联系本身的普遍占有。由此产生了资本的伟大的文明作用；它创造了这样一个社会阶段，与这个社会阶段相比，一切以前的社会阶段都只表现为人类的**地方性发展**和**对自然的崇拜**。只有在资本主义制度下自然界才真正是人的对象，真正是有用物；它不再被认为是自为的力量；而对自然界的独立规律的理论认识本身不过表现为狡猾，其目的是使自然界（不管是作为消费品，还是作为生产资料）服从于人的需要。资本按照自己的这种趋势，既要克服把自然神化的现象，克服流传下来的、在一定界限内闭关自守地满足于现有需要和重复旧生活方式的状况，又要克服民族界限和民族偏见。资本破坏这一切并使之不断革命化，摧毁一切阻碍发展生产力、扩大需要、使生产多样化、利用和交换自然力量和精神力量的限制。

但是，决不能因为资本把每一个这样的界限都当作限制，因而**在观念上超越它**，所以就得出结论说，资本已在**实际上**克服了它，并且，因为每一个这样的限制都是同资本的使命相矛盾的，所以资本的生产是在矛盾中运动的，这些矛盾不断地被克服，但又不断地产生出来。不仅如此。资本不可遏止地追求的普遍性，在资本本身的性质上遇到了限制，这些限制在资本发展到一定阶段时，会使人们认识到资本本身就是这种趋势的最大限制，因而驱使人们利用资本本身来消灭资本。

[第二篇　资本的流通过程]

[资本的再生产和积累]

现在从资本的角度来考察：只要考察的是**剩余资本**，那么，资本家通过单纯**占有他人的劳动**就代表自为存在的价值，即在货币的第三个要素上的货币，财富，这是因为剩余资本的每一种要素，即材料、工具、生活资料，都归结为资本家不是通过同现有价值的**交换**，而是**不经过交换**就占有的**他人的劳动**。当然，对于这种**剩余资本**来说，作为**最初的条件**表现出来的，是**属于资本家所有的一部分价值**，或者说资本家所占有的**一部分对象化劳动**，同他人的活劳动能力相交换。

对于剩余资本Ⅰ——我们这样称呼从最初的生产过程中产生的剩余资本——的形成来说，也就是对于**占有他人劳动即占有对象化的他人劳动**来说，作为其条件表现出来的，是资本家方面占有**价值**，资本家用这种价值中的一部分**在形式上**同活劳动能力相交换。我们说"在形式上"，是因为活劳动必须再把它**所交换的**价值归还给资本家，偿还给资本家。无论如何，对于**剩余资本**Ⅰ的形成来说，也就是说，对于占有他人劳动或占有对象化着这种劳动的价值来说，作为其条件表现出来的，是归资本家所有的、由他投入流通并由他提供给活劳动能力的价值的交换，——这种价值**不是**从资本家[Ⅳ—45]同活劳动的**交换**中产生的，换句话说，不是从他作为**资本同劳动**的关系中产生的。

现在我们设想，剩余资本又投入生产过程，又在交换中实现了它的剩余价值，并在第三次生产过程开始时又作为新的剩余资本出现。这个**剩余资本**Ⅱ的前提和剩余资本Ⅰ的前提不同。剩余资本Ⅰ的前提是归资本家所有的并由他投入流通的价值，更确切地说，由他在同活劳动能力的交换中投入的价值。剩余资本Ⅱ的前提无非就是剩余资本Ⅰ的存在，换句话说，就是这样一个前提：资本家不经过交换就占有他人劳动。这使资本家能够不断地重新开始过程。固然，为了创造剩余资本Ⅱ，资本家必须用剩余资本Ⅰ的一部分价值在生活资料的形式上同活劳动能力相交换，但是，他这样拿去进行交换的东西，从一开始就不是由他从自己的基金中投入流通的价值，而是他人的对象化劳动，他没有支付任何等价物就占有了这种对象化劳动，并且现在又用它来同他人的活劳动相交换；同样，这种新的劳动借以实现自己并创造剩余价值的材料等等，不经过交换，通过单纯的占有便落入资本家的手中。

对他人劳动的过去的占有，现在表现为对他人劳动的新占有的简单条件；换句话说，他人的劳动以客观的形式，以现有价值的形式成为资本家的财产，这种情况是使资本家能够重新占有他人的**活的**劳动能力，因而占有剩余劳动即没有得到等价物的劳动的条件。资本家已经作为资本同活劳动相对立，这是资本家不仅作为资本保存自己，而且作为不断增长的资本越来越多地不支付等价物便**占有**他人劳动的唯一条件，或者说，这是资本家扩大他的权力，扩大他的同活劳动能力相对立的作为资本的存在，而另一方面，一再地把处于主体的贫穷中，即丧失物质实体的贫穷中的活劳动能力重新变为活劳动能力的唯一条件。

对过去的或客体化了的他人劳动的所有权，表现为进一步占有现在的或活的他人劳动的唯一条件。由于剩余资本Ⅰ是通过对象化劳动和活劳动能力之间的简单交换创造出来的，而这种简单交换是完全根据等价物按其本身包含的劳动量或劳动时间进行交换的规律进行的，并且，**由于**从法律上来看这种交换的前提无非是每一个人对自己产品的所有权和自由支配权，——从而，剩余资本Ⅱ同剩余资本Ⅰ的关系是这前一种关系的结果——，我们看到，通过一种奇异的结果，所有权在资本方面就辩证地转化为对他人的产品所拥有的权利，或者说转化为对他人劳动的所有权，转化为不支付等价物便占有他人劳动的权利，而在劳动能力方面则辩证地转化为必须把它本身的劳动或它本身的产品看作**他人财产**的义务。所有权在一方面转化为占有他人劳动的权利，在另一方面则转化为必须把自身的劳动的产品和自身的劳动看作属于他人的价值的义务。

不过，作为在法律上表现所有权的最初行为的等价物交换，现在发生了变化：对一方来说只是表面上进行了交换，因为同活劳动能力相交换的那一部分资本，第一，本身是没有支付等价物而被占有的**他人的劳动**，第二，它**必须由劳动能力附加一个剩余额来偿还**，也就是说，这一部分资本实际上并没有交出去，而只是从一种形式变为另一种形式。可见，交换的关系完全不存在了，或者说，成了**纯粹的假象**。

其次，所有权最初表现为以自己的劳动为基础。现在所有权表现为占有他人劳动的权利，表现为劳动不能占有它自己的产品。所有权同劳动之间，进一步说，财富同劳动之间的完全分离，现在表现为以它们的同一性为出发点的规律的结果。

最后，生产过程和价值增殖过程的结果，首先表现为**资本和劳动的关系本身**的，**资本家和工人的关系本身**的再生产和新生产。这种社会关系，生产关系，实际上是这个过程的比其物质结果更为重要的结果。这就是说，在这个过程中工人把他本身作为劳动能力生产出来，也生产出同他相对立的资本，同样另一方面，资本家把他本身作为资本生产出来，也生产出同他相对立的活劳动能力。每一方都由于再生产对方，再生产自己的否定而再生产自己本身。资本家生产的劳动是他人的劳动；劳动生产的产品是他人的产品。资本家生产工人，而工人生产资本家，等等。

[**资本的原始积累**]

以资本为基础的生产一旦成为前提——确切地说，只有当**第一个生产**过程再生产出资本和新生产出剩余资本Ⅰ而**结束时**，货币才转化为资本；但是，只有当剩余资本Ⅰ生产出剩余资本Ⅱ，也就是说，只有当正在转化为资本的货币的那些还处于**现实**资本的运动之外的前提已经消失，因而资本本身根据自己的内在本质，事实上创造出它在生产中当作出发点的那些条件本身时，剩余资本Ⅰ才**设定**为即实现为剩余资本——，那么，这样一个条件，即资本家要成为资本，就必须把通过他本人的劳动或通过其他方式（只要不是通过已经存在的过去的雇佣劳动）创造出来的价值［Ⅳ—46］投入流通这样一个条件，就属于资本的洪水期前的条件，属于资本的**历史前提**，这些前提作为这样的**历史**前提已经成为过去，因而属于**资本的形成史**，但决不属于资本的**现代**史，也就是说，不属于受资本统治的生产方式的实际体系。

　　例如，如果说农奴逃往城市是城市制度的**历史**条件和前提之一，那么这决不是发达的城市制度的**条件**，决不是它的现实的要素，而是城市制度的**过去的**前提，是城市制度形成时的前提，这些前提在城市制度存在时已被扬弃。资本**生成**，**产生**的条件和前提恰好预示着，资本还不存在，而只是**在生成**；因此，这些条件和前提在现实的资本存在时就消失了，在资本本身从自己的现实性出发而创造出自己的实现条件时就消失了。举例来说，如果说货币或自为存在的价值最初生成为资本时，要以资本家作为**非资本家**时所实现的一定积累——即使是靠节约他自己的劳动所创造的产品和价值等等——为前提，因此，如果说货币生成为资本的前提表现为资本产生的一定的外在的**前提**，那么，一旦资本成为资本，它就会创造它自己的前提，即**不通过交换**而通过它本身的生产过程来占有创造新价值的现实条件。

这些前提，最初表现为资本生成的条件，因而还不能从**资本作为资本**的活动中产生；现在，它们是资本自身实现的结果，是由资本**造成**的现实的结果，它们**不是资本产生的条件，而是资本存在的结果**。资本为了生成，不再从前提出发，它本身就是前提，它从它自身出发，自己创造出保存和增殖自己的前提。因此，在创造剩余资本Ⅰ之前存在的条件，或者说表现资本的生成的条件，不属于以资本为前提的生产方式的范围，而是资本生成的史前阶段，处于资本以前的时期，就像地球从流动的火海和气海的状态变为地球现在的形态所经历的过程，处于已经形成的地球的生命的彼岸一样。这就是说，个别资本仍然可能例如通过贮藏而产生。但是贮藏只有通过剥削劳动才能转化为资本。

资产阶级经济学家们把资本看作永恒的和**自然的**（而不是历史的）生产形式，然后又竭力为资本辩护，把资本生成的条件说成是资本现在实现的条件，也就是说，把资本家还是作为非资本家——因为他还只是正在变为资本家——用来进行占有的要素，说成是资本家已经**作为资本家**用来进行占有的条件。这些辩护的企图证明他们用心不良，并证明他们没有能力把资本作为资本所采用的占有方式同资本的社会自身所宣扬的**所有权的一般规律**调和起来。

另一方面，对我们来说更为重要的是，我们的方法表明历史考察必然开始之点，或者说，表明仅仅作为生产过程的历史形式的资产阶级经济，超越自身而追溯到早先的历史生产方式之点。因此，要揭示资产阶级经济的规律，无须描述**生产关系的真实历史**。但是，把这些生产关系作为历史上已经形成的关系来正确地加以考察和推断，总是会得出这样一些原始的方程式，——就像例如自然科学中的经验数据一样，——这些方程式将说明在这个制度以前存在的过去。这样，这些启示连同对现代的正确理解，也给我们提供了一把理解过去的钥匙——这也是我们希望做的一项独立的工作。另一方面，这种正确的考察同样会得出预示着生产关系的现代形式被扬弃之点，从而预示着未来的先兆，变易的运动。如果说一方面资产阶级前的阶段表现为**仅仅是历史的**，即已经被扬弃的前提，那么，现在的生产条件就表现为**正在扬弃自身**，从而正在为新社会制度创造**历史前提**的生产条件。

如果我们现在首先考察已经形成的关系，考察变成资本的价值和作为单纯同资本相对立的使用价值的活劳动，——因而，活劳动只不过是这样一种手段，它使对象化的死的劳动增殖价值，赋予死劳动以活的灵魂，但与此同时也丧失了它自己的灵魂，结果，一方面把已创造的财富变成了他人的财富，另一方面只是把活劳动能力的贫穷留给自己，——那么，问题简单表现为，活劳动的物的条件（即用来增殖价值的那些材料，用来增殖价值的那些工具，[IV—47]以及为了煽起活劳动能力的劳动火焰，为了防止这种火焰熄灭而为活劳动能力的生命过程提供必要物质的那些生活资料），在过程中和通过过程本身，成为他人的独立的存在或**他人的人格**的存在方式，成为自在地同活劳动能力（而活劳动能力也脱离了这些物的条件并作为主体而存在）相对立的东西，成为坚持独立的、自为存在的价值，因而成为这样的价值，这种价值对于劳动能力来说构成他人的财富，资本家的财富。

活劳动的客观条件对于作为主体存在的活劳动能力来说，表现为**分离的**、**独立的**价值，因而活劳动能力对于客观条件来说，也只是表现为**另一种**价值（它不是作为价值，而是作为使用价值来同客观条件相区别）。这种分离一旦成为前提，生产过程就只能新生产，再生产这种分离，而且是在更大规模上再生产这种分离。生产过程怎样生产这种分离，我们已经看到了。活劳动能力的客观条件作为与活劳动能力相对立的独立存在，作为不同于活劳动能力并且与之相对立而独立的主体的客观性而成为前提；因此，这些**客观条件**的再生产和它们的**价值增殖**，即它们的扩大，同时就是这些条件作为与劳动能力无关的并与之相对立而独立的他人的主体的财富所进行的再生产和新生产。再生产和新生产出来的，不仅是活劳动的这些客观条件的**存在**，而且是这些条件作为**独立的价值**，即属于他人的主体的价值，而同这种活劳动能力相对立的存在。

　　劳动的客观条件取得了与活劳动能力相对立的主体的存在——从资本变成资本家；另一方面，劳动能力与它自己的条件相对立的单纯主体的存在，使劳动能力具有对于这些条件来说只是无所谓的客观形式——劳动能力只是具有特殊使用价值的**价值**，而与实现它自身的条件，即与具有别种使用价值的**各价值相并列**。因此，并不是**这些条件**在生产过程中作为劳动能力的实现条件来实现，而是相反，劳动能力仅仅作为把这些条件当作与劳动能力相对立的自为存在的价值来增殖和保存的条件，而从生产过程中出来。①

　　劳动能力加工的材料是**他人的**材料；同样工具是**他人的工具**；工人的劳动只表现为材料和工具这些实体的附属品，因而对象化在不属于**他**的东西中。甚至活劳动本身也表现为**他人的东西**而与活劳动能力相对立——而活劳动就是活劳动能力的劳动，就是活劳动能力自己的生命表现——，因为活劳动为换取对象化劳动，为换取劳动自身的产品已经出让给资本了。劳动能力把活劳动看作他人的东西，如果资本愿意向劳动能力支付报酬而**不让它劳动**，劳动能力是会乐意进行

---

① 在1861—1863年经济学手稿中，马克思对转抄自1857—1858年经济学手稿中的段落有许多地方作了某些修改，正文中这句话在1861—1863年经济学手稿第XXⅡ本1396页是："这些条件在生产过程中不是作为劳动能力的实现条件被再生产出来，相反，它们只是作为增殖和保存它们自己的价值（与劳动能力相对立的自为存在的价值）的条件从生产过程中出来。"

这种交易的。可见，劳动能力自身的劳动对劳动能力来说，就像材料和工具一样是他人的——从对劳动的管理等方面来看，劳动对劳动能力来说也是他人的。因此，对劳动能力来说，产品也表现为他人的材料、他人的工具和他人的劳动的结合，即表现为**他人的财产**，而劳动能力在生产结束后，由于消耗了生命力而变得更加贫穷，然而又总是作为与自己的生活条件相分离的单纯主体的劳动能力而重新开始自己的苦工。

认识到产品是劳动能力自己的产品，并断定劳动同自己的实现条件的分离是不公平的、强制的，这是了不起的觉悟，这种觉悟是以资本为基础的生产方式的产物，而且也正是为这种生产方式送葬的丧钟，就像当奴隶觉悟到他**不能作第三者的财产**，觉悟到他是一个人的时候，奴隶制度就只能人为地苟延残喘，而不能继续作为生产的基础一样。

如果我们反过来考察在货币进入价值自行增殖过程以前存在的原始关系，我们就会看到，历史上必须产生或者必须存在种种条件，才能使货币变成资本，使劳动变成设定资本即创造资本的劳动，变成雇佣劳动。（**雇佣劳动**，在这里是严格的经济学意义上的雇佣劳动，我们也只是在这个意义上使用这一术语，今后我们应该把严格的经济学意义上的雇佣劳动同短工等等其他劳动形式区别开来。雇佣劳动是设定资本即生产资本的劳动，也就是说，是这样的活劳动，它不但把它作为活动来实现时所需要的那些对象条件，而且还把它作为劳动**能力**存在时所需要的那些客观要素，都作为同它自己相对立的异己的权力生产出来，**作为自为存在的**、**不以它为转移的价值**生产出来。)

　　本质的条件本身已经存在于最初表现出来的关系中：(1) 一方面是活劳动能力作为单纯**主体的**存在而存在，同它的客观现实的要素相分离，也就是，既同活劳动的**条件**相分离，也同活**劳动能力的生存资料**，**生活资料**，自我保存资料相分离；处在这种完全抽象中的劳动的活的可能性，这是一方面；(2) 另一方面，存在的价值或对象化劳动，必须是使用价值的足够积累，这种积累不仅要为再生产或保存活劳动能力所必需的产品或价值的生产提供对象条件，而且要为吸收剩余劳动提供对象条件，为 [IV—48] 剩余劳动提供客观材料；(3) 双方之间的自由的交换关系——货币流通；两极之间的以交换价值为基础而不是以统治和奴役关系为基础的关系；因而也就是这样的生产，它不是直接地而是以交换为中介向生产者提供生活资料，而且，它不能直接占有他人的劳动，而是必须向工人本人购买劳动，换取劳动；最后，(4) 其中的一方——以独立的、自为存在的价值的形式表现劳动的对象条件的那一方——必须作为**价值**出现，把创造价值，价值自行增殖，创造货币当作最终目的，而不是把直接的享用或创造使用价值当作最终目的。

只要**双**方仅仅以**对象化**劳动的形式交换自己的劳动,这种关系就不可能存在;同样,如果**活劳动能力**本身是另一方的财产,也就是说,它不是进行交换的人,这种关系也不可能存在。(在资产阶级生产制度范围内的个别地点可能存在奴隶制,这种情况与上述论点并不矛盾。但是奴隶制在这种情况下所以能够存在,只是因为它在其他地点并不存在,它对资产阶级制度本身来说是一种异常现象。)

这种关系先前得以表现的条件,或者说表现为生成这种关系的历史前提的那些条件,乍一看来表现出某种二重性:一方面是活劳动的比较低级形式的解体,另一方面[对直接生产者来说][1]是比较幸福的关系的解体。

首先第一个前提,是奴隶制或农奴制关系的消灭。活劳动能力属于本人自己,并且通过交换才能支配它的力的表现。双方作为人格互相对立。**在形式上**他们之间的关系是一般交换者之间的平等和自由的关系。

至于这种形式是**表面现象**,而且是**骗人的表面现象**,这一点在考察法律关系时表现为处于这种关系**之外**的东西。自由工人所出卖的,始终只是一定的、特定量的力的表现;劳动能力作为总体是处于每个特殊表现之上的。工人把力的特殊表现出卖给某个特殊的资本家,工人独立地同这个作为**单**

---

[1] 方括号中增补的文字采自1861—1863年手稿第ⅩⅩⅡ本第1397页,马克思在那里转述了这一整段文字。

个人的资本家相对立。很明显，这不是工人同作为资本的资本的存在，即同资本家阶级的关系。但是，就单个的、现实的人格来说，在这种情况下，工人有选择和任意行动的广阔余地，因而有形式上的自由的广阔余地。在奴隶制关系下，劳动者属于**个别的特殊的**所有者，是这种所有者的工作机。劳动者作为力的表现的总体，作为劳动能力，是属于他人的物，因而劳动者不是作为主体同自己的力的特殊表现即自己的活的劳动活动发生关系。在农奴制关系下，劳动者表现为土地财产本身的要素，完全和役畜一样是土地的附属品。在奴隶制关系下，劳动者只不过是活的工作机，因而它对别人来说具有价值，或者更确切地说，它是价值。对于自由工人来说，他的总体上的劳动能力本身表现为他的财产，表现为他的要素之一，他作为主体支配着这个要素，通过让渡它而保存它。这个问题在以后研究雇佣劳动时要作进一步的说明。

对象化劳动同活劳动相交换，一方面还不构成资本，另一方面也还不构成雇佣劳动。整个所谓的**服务**阶级，从擦皮鞋的到国王，都属于这个范畴。不论在东方公社，还是在由自由土地所有者组成的西方公社，凡是这些组织由于人口增长、战俘释放、各种偶然性造成个人贫穷和丧失独立劳动的客观条件，以及由于分工等原因，而分解为一些单个要素的地方，我们到处都可零散地见到自由的短工，他们也属于上述范畴。

为了把资本同雇佣劳动的关系表述为**所有权的关系**或**规律**，我们只需要把双方在**价值增殖过程**中的行为表述为**占有的过程**。例如，剩余劳动变为资本的剩余价值，这一点意味着：工人并不占有他自己劳动的产品，这个产品对他来说表现为**他人的财产**，反过来说，**他人的劳动**表现为资本的财产。资产阶级所有权的这第二条规律是第一条规律①转变来的，并通过继承权等等而长期存在下去，不受单个资本家的易逝性的影响；它同第一条规律一样被承认为规律。第一条是劳动和所有权的同一性；第二条是劳动表现为被否定的所有权，或者说，所有权表现为对他人劳动的异己性的否定。

[**资本主义生产以前的各种形式**]②

雇佣劳动的前提和资本的历史条件之一，是自由劳动以及这种自由劳动同货币相交换，以便再生产货币并增殖其价值，也就是说，以便这种自由劳动不是作为用于享受的使用价值，而是作为用于获取货币的使用价值，被货币所消耗；

---

① 指对自己劳动的产品拥有所有权的规律。——编者注
② 这一标题，采自马克思在《我自己的笔记本的提要》中为手稿第Ⅳ笔记本第50—53页及其后续部分所加的提示。在这个《提要》中，马克思还为手稿第Ⅴ笔记本第1—15页加了另一标题：《资本关系形成以前或原始积累以前的过程》。

而另一个前提就是自由劳动同实现自由劳动的客观条件相分离，即同劳动资料和劳动材料相分离。可见，首要的是，劳动者同他的天然的实验场即土地相脱离，从而自由的小土地所有制解体，以及以东方公社为基础的公共土地所有制"所有制"①解体。

在这两种形式中，劳动者把自己劳动的客观条件当作自己的财产；这是劳动同劳动的物质前提的天然统一。因此，劳动者不依赖劳动就具有对象的存在。个人把自己当作所有者，当作自身现实性的条件［IV—51］的主人。个人看待其他个人也是这样，并且，根据这个**前提**是从共同体出发，还是从组成公社的各个家庭出发，个人或是把其他个人当作财产共有者即公共财产的体现者，或是把其他个人当作同自己并存的独立的所有者即独立的私有者，而在这些独立的私有者之外，原来囊括一切和包罗所有人的公共财产本身，则作为特殊的**公有地**②与这些为数众多的土地私有者并存。

在这两种形式中，各个个人都不是把自己当作劳动者，而是把自己当作所有者和同时也进行劳动的共同体成员。这种劳动的目的不是为了**创造价值**，——虽然他们也可能从事

---

① "所有制"原文是"Eigentum"，在本节中，按上下文分别译为"财产"、"所有"、"所有权"、"所有制"；与土地相联时，则分别译为"土地所有权"、"土地所有制"、"土地财产"、"地产"。——编者注

② "公有地"原文是"ager publicus"，指古罗马的国有土地。——编者注

剩余劳动，以便为自己换取**他人的**产品，即剩余产品，——相反，他们劳动的目的是为了维持各个所有者及其家庭以及整个共同体的生存。个人变为上述一无所有的**工人**，这本身是**历史**的产物。

在这种土地所有制的第一种形式中，第一个前提首先是自然形成的共同体。家庭和扩大成为部落的家庭，或通过家庭之间互相通婚〔而组成的部落〕，或部落的联合。因为我们可以设想，**游牧**，总而言之**迁徙**，是生存方式的最初的形式，部落不是定居在一定的地方，而是哪里有牧草就往哪里放牧（人类不是生来就定居的；除非在特别富饶的自然环境里，人才有可能像猿猴那样栖息在某一棵树上，否则总是像野兽那样到处游荡），所以，**部落共同体**，即天然的共同体，并不是**共同占有**（暂时的）和**利用土地的结果**，而是**其前提**。

一旦人类终于定居下来，这种原始共同体就将随种种外界的，即气候的、地理的、物理的等等条件，以及他们的特殊的自然性质——他们的部落性质——等等，而或多或少地发生变化。自然形成的部落共同体，或者也可以说群体——血缘、语言、习惯等等的共同性，是人类**占有**他们生活的**客观条件**，占有那种再生产自身和使自身对象化的活动（牧人、猎人、农人等的活动）的**客观条件**的第一个前提。

土地是一个大实验场，是一个武库，既提供劳动资料，又提供劳动材料，还提供共同体居住的地方，即共同体的**基**

础。人类素朴天真地把土地当作**共同体的财产**，而且是在活劳动中生产并再生产自身的共同体的**财产**。每一个单个的人，只有作为这个共同体的一个肢体，作为这个共同体的成员，才能把自己看成**所有者**或**占有者**。

通过劳动过程而实现的实际**占有**是在这样一些**前提**下进行的，这些**前提**本身并不是劳动的**产物**，而是表现为劳动的自然的或**神授的**前提。这种以同一基本关系为基础的形式，本身可以以十分不同的方式实现。例如，跟这种形式完全不矛盾的是，在大多数**亚细亚**的基本形式中，凌驾于所有这一切小的共同体之上的**总合的统一体**表现为**更高的所有者**或**唯一的所有者**，因而实际的公社只不过表现为**世袭**的占有者。因为这种**统一体**是实际的所有者，并且是公共财产的实际前提，所以统一体本身能够表现为一种凌驾于这许多实际的单个共同体之上的**特殊东西**，而在这些单个的共同体中，各个个别的人事实上失去了财产，或者说，财产——即单个的人把劳动和再生产的**自然**条件看作属于他的条件，看作他的主体的以无机自然形式存在的客观躯体这样一种关系——对这个别的人来说是间接的财产，因为这种财产，是由作为这许多共同体之父的专制君主所体现的总的统一体，以这些特殊的公社为中介而赐予他的。因此，剩余产品——其实，这在立法上被规定为通过劳动而实际占有的成果——不言而喻地属于这个最高的统一体。

因此，在东方专制制度下以及那里从法律上看似乎并不存在财产的情况下，这种部落的或公社的财产事实上是作为基础而存在的，这种财产大部分是在小公社范围内通过手工业和农业相结合而创造出来的，因此，这种公社完全能够自给自足，而且在自身中包含着再生产和扩大生产的一切条件。公社的一部分剩余劳动属于最终作为一个**个人**而存在的更高的共同体，而这种剩余劳动既表现在贡赋等等的形式上，也表现在为了颂扬统一体——部分地是为了颂扬现实的专制君主，部分地为了颂扬想象的部落体即神——而共同完成的工程上。

这类公社财产，只要它在这里确实是在劳动中实现的，就或是可能这样表现出来：各个小公社彼此独立地勉强度日，而在公社内部，单个的人则同自己的家庭一起，独立地在分配给他的份地上从事劳动（必须有一定量的劳动，一方面用于**公共储备**，可以说是为了**保险**，另一方面，用于**支付共同体本身的费用**，即用于战争、祭祀等等；正是在这种情况下，例如在斯拉夫公社、罗马尼亚公社等等地方，才第一次出现最原始意义上的领主的财产支配权。在这里奠定了向徭役制过渡的基础等等）；或是可能这样表现出来：统一体能够使劳动过程本身具有共同性，这种共同性能够成为整套制度，例如在墨西哥，特别是在秘鲁，在古代克尔特人那里，在印度的某些部落中就是这样。

其次，部落体内部的共同性还可能这样表现出来：统一体或是由部落中一个家庭的首领来代表，或是表现为各个家长彼此间的联系。与此相应，这种共同体的形式就或是较为专制的，或是较为民主的。在这种情况下，那些通过劳动而实际占有的共同的条件，如在亚细亚各民族中起过非常重要作用的**灌溉渠道**，还有交通工具等等，就表现为更高的统一体，即凌驾于各小公社之上的专制政府的事业。在这里，与这些乡村并存，真正的城市只是在特别适宜于对外贸易的地方才形成起来，或者只是在国家首脑及其地方总督把自己的收入（剩余产品）同劳动相交换，把收入作为劳动基金来花费的地方才形成起来。

[IV—52]［所有制的］第二种形式——它也像第一种形式一样，曾经在地域上、历史上等等发生一些重大的变化——是原始部落更为动荡的历史生活、各种遭遇以及变化的产物，它也要以**共同体**作为第一个前提，但不像在第一种情况下那样：共同体是实体，而个人则只不过是实体的偶然因素，或者是实体的纯粹自然形成的组成部分。这第二种形式不是以土地作为自己的基础，而是以城市作为农民（土地所有者）的已经建立的居住地。耕地表现为城市的领土；而不是［像在第一种形式中那样］村庄表现为土地的单纯附属物。

土地本身，无论它的耕作、它的实际占有会有多大障碍，也并不妨碍把它当作活的个体的无机自然，当作他的工作场所，当作主体的劳动资料、劳动对象和生活资料。一个共同体所遭遇的困难，只能是由其他共同体引起的，后者或是先已占领了土地，或是到这个共同体已占领的土地上来骚扰。因此，战争就或是为了占领生存的客观条件，或是为了保护并永久保持这种占领所要求的巨大的共同任务，巨大的共同工作。因此，这种由家庭组成的公社首先是按军事方式组织起来的，是军事组织和军队组织，而这是公社以所有者的资格而存在的条件之一。住处集中于城市，是这种军事组织的基础。

部落体本身导致区分为高级的和低级的氏族，这种区别又由于〔胜利者〕与被征服部落相混合等等而更加发展起来。

公社财产——作为国有财产——即公有地，在这里是和私有财产分开的。在这里，单个人的财产不像在第一种情况下那样，本身直接就是公社财产，在第一种情况下，单个人的财产并不是同公社分开的个人的财产，相反，个人只不过是公社财产的占有者。

单个人的财产在事实上只靠共同劳动来利用——例如像东方的灌溉渠道那样——的可能性越少，部落的纯粹自然形成的性质由于历史的运动、迁徙而受到的破坏越大，部落越是远离自己的原来住地而占领**异乡的**土地，因而进入全新的劳动条件并使个人的能力得到更大的发展，——部落的共同性质越是对外界表现为并且必然表现为消极的统一体，——那么，单个人变成归他和他的家庭单独耕作的那小块土地——单独的小块土地——的**私有者**的条件就越是具备。

公社（作为国家），一方面是这些自由的和平等的私有者间的相互关系，是他们对抗外界的联合，同时也是他们的保障。在这里，公社组织的基础，既在于它的成员是由劳动的土地所有者即拥有小块土地的农民所组成的，也在于拥有小块土地的农民的独立性是由他们作为公社成员的相互关系来维持的，是由确保公有地以满足共同的需要和共同的荣誉等等来维持的。公社成员的身分在这里依旧是占有土地的前提，但作为公社成员，单个的人又是私有者。他把自己的私有财产看作就是土地，同时又看作就是他自己作为公社成员的身分；而保持他自己作为公社成员的身分，也正是保持公社的存在，反过来也一样，等等。虽然公社（在这里它已经是**历史的产物**，不仅在事实上，而且在人们的意识里也是如此，因而是一个**产生出来的**东西）在这里表现为土地**财产**的前提，也就是说，表现为劳动主体把劳动的自然前提看作属于他所有这种关系的前提，但是，这种"属于"是由他作为国家成员的存在作中介的，是由国家的存在，因而也是由那被看作神授之类的**前提**作中介的。

集中于城市而以周围土地作为领土；为直接消费而从事劳动的小农业；作为妻女家庭副业的那种手工业（纺和织），

或仅在个别生产部门才独立起来的手工业（fabri[①]等等）。

这种共同体继续存在的前提，是组成共同体的那些自由而自给自足的农民之间保持平等，以及作为他们的财产继续存在的条件的本人劳动。他们把自己看作劳动的自然条件的所有者；但这些条件还必须不断地通过个人本人的劳动才真正成为个人人格的、即个人本人劳动的条件和客观因素。

另一方面，这个小的军事的共同体的趋向，又促使它越出这些限制等等（罗马、希腊、犹太人等等）。

尼布尔说："当占卜官的预言使努玛相信神认可了他的当选的时候，这位虔诚的国王首先关心的不是神庙的礼拜，而是人。他把罗慕洛在战争中获得的并交给他占领的土地分配了，制定了特尔米努斯的祭礼。所有古代的立法者，首先是摩西，他们维持善行、公正和美德的法规所以取得成就，其基础就是让尽可能多的公民取得土地所有权，或者，至少要保证尽可能多的公民有世袭的土地占有权。"（［尼布尔］《罗马史》［1827年柏林］第2版第1卷第245页）

个人被置于这样一种谋生的条件下，其目的不是发财致富，而是自给自足，把自己作为公社成员再生产出来，把自己作为小块土地的所有者并以此资格作为公社成员再生产

----
① fabri（古罗马的匠人），指加工硬质材料的木工、锻工等人。

出来。

公社的继续存在，便是作为自给自足的农民的全体公社成员的再生产，他们的剩余时间正是属于公社，属于战争事业等等。对自己劳动的所有权，是由对劳动条件的所有权即对一块耕地的所有权来作中介的，而对劳动条件的所有权则是由公社的存在而得到保障的，公社又是由公社成员的服兵役等等形式的剩余劳动而得到保障的。公社成员不是通过创造财富的劳动协作来再生产自己，而是通过为了在对内对外方面保持联合体这种共同利益（想象的和现实的共同利益）所进行的劳动协作来再生产自己。财产是魁里特①的财产，是罗马人的财产；土地私有者只有作为罗马人才是土地私有者，而作为罗马人，他就是土地私有者。

[IV—53] 劳动的个人，即自给自足的公社成员，对他们劳动的自然条件的所有制的第三种形式，是**日耳曼的**所有制。在这种所有制形式下，公社成员本身既不像在东方特有的形式下那样是共同财产的共有者（在财产**仅仅**作为公社财产而存在的地方，单个成员本身只是一块特定土地的**占有者**，或是继承的，或不是继承的，因为财产的每一小部分都不属于任何单独的成员，而属于作为公社的直接成员的人，也就是说，属于同公社直接统一而不是同公社有别的人。因此，这

---

① 魁里特（quiritarium）是古罗马全权公民的正式名称，它是从古罗马平民（Quiriten）这个词派生出来的。

种单个的人只是占有者。只有**公共**财产，只有**私人占有**。对**公共**财产的这种占有方式可以发生十分不同的历史的、地域的等等变化，这要看劳动本身是由每一个私人占有者孤立地进行，还是由公社来规定或由凌驾于各个公社之上的统一体来规定）；也不像罗马的、希腊的（简言之，古典古代的）形式下那样，土地为公社所占领，是罗马的土地；一部分土地留给公社本身支配，而不是由公社成员支配，这就是各种不同形式的公有地；另一部分则被分割，而每一小块土地由于是一个罗马人的私有财产，是他的领地，是实验场中属于他的一份，因而都是罗马的土地；但他之所以是罗马人，也只是因为他在一部分罗马的土地上享有这样的主权。

……

因为贵族在较高的程度上代表共同体，所以他们是公有地的**占有者**，并且通过自己的被保护民等等来利用公有地（后来便逐渐地据为己有）。

日耳曼的公社并不集中在城市中；而单是由于这种集中——即集中在作为乡村生活的中心、作为农民的居住地、同样也作为军事指挥中心的城市中——，公社本身便具有同单个人的存在不同的外部存在。古典古代的历史是城市的历史，不过这是以土地所有制和农业为基础的城市；亚细亚的历史是城市和乡村的一种无差别的统一（真正的大城市在这里只能看作王公的营垒，看作真正的经济结构上的赘疣）；中世纪（日耳曼时代）是从乡村这个历史的舞台出发的，然后，它的进一步发展是在城市和乡村的对立中进行的；现代的[历史]是乡村城市化，而不像在古代那样，是城市乡村化。

[V—1]①当联合在城市中的时候，公社本身就具有了某种经济存在；城市本身的单纯**存在**与仅仅是众多的独立家庭不同。在这里，整体并不是由它的各个部分组成。它是一种独立的有机体。在日耳曼人那里，各个家长住在森林之中，彼此相隔很远的距离，即使**从外表**来看，公社也只有通过公社成员的每次集会才存在，虽然他们的**自在**的统一体包含在他们的亲缘关系、语言、共同的过去和历史等等之中。

因此，**公社**便表现为一种**联合**而不是**联合体**，表现为以土地所有者为独立主体的一种统一，而不是表现为统一体。因此公社事实上不是像在古代民族那里那样，作为**国家**、作为**国家组织**而存在，因为它不是作为**城市**而存在的。为了使公社具有现实的存在，自由的土地所有者必须举行**集会**，而例如在罗马，除了这些集会之外，公社还**存在于城市本身**和掌管城市的官吏等等的存在中。

诚然，在日耳曼人那里，也有一种不同于单个人的财产的**公有地**，公社土地或人民土地。这种公有地，是猎场、牧场、采樵地等等，这部分土地，当它必须充当这类特定形式

---

① 从这里开始为手稿笔记本的第 V 本，第一页上注明："笔记本 V（资本章。续）。"扉页上写着："笔记本 V。1858 年 1 月。伦敦。（1 月 22 日开始。）"

的生产资料时，是不能加以分割的。可是，这种**公有地**却又不像例如在罗马人那里那样，表现为与私有者并列的国家的特殊经济存在，以致这些私有者只有当他们像平民那样**被取消**即被剥夺公有地的使用权时，才会成为真正的**私**有者。

相反，在日耳曼人那里，公有地只是个人财产的补充，并且只有当它被当作一个部落的共同占有物来保卫，以不受敌对部落的侵袭时，它才表现为财产。不是单个人的财产表现为以公社为中介，恰好相反，是公社的存在和公社财产的存在表现为以他物为中介，也就是说，表现为独立主体互相之间的关系。实质上，每一单个家庭就是一个经济整体，它本身单独地构成一个独立的生产中心（手工业只是妇女的家庭副业等等）。

在古代世界，城市连同属于它的土地是一个经济整体；而在日耳曼世界，单个的住地就是一个经济整体，这种住地本身仅仅是属于它的土地上的一个点，并不是许多所有者的集中，而只是作为独立单位的家庭。在亚细亚的（至少是占优势的）形式中，不存在个人所有，只有个人占有；公社是真正的实际所有者；所以，财产只是作为**公共的**土地**财产**而存在。

在古代民族那里（罗马人是最典型的例子，表现的形式最纯粹，最突出），存在着国有土地财产和私人土地财产相对立的形式，结果是后者以前者为中介，或者说，国有土地财产本身存在于这种双重的形式中。因此，土地私有者同时也就是城市的市民。从经济上说，国家公民身分就表现在农民是一个城市的居民这样一个简单的形式上。

在日耳曼的形式中，农民并不是国家公民，也就是说，不是城市居民；相反地，这种形式的基础是孤立的、独立的家庭住宅，这一基础通过同本部落其他类似的家庭住宅结成联盟，以及通过在发生战争、举行宗教活动、解决诉讼等等时为取得相互保证而举行的临时集会来得到保障。在这里，个人土地财产既不表现为同公社土地财产相对立的形式，也不表现为以公社为中介，而是相反，公社只存在于这些个人土地所有者本身的相互关系中。公社财产本身只表现为各个个人的部落住地和所占有土地的公共附属物。

［日耳曼的］公社既不是使单个的人只表现为偶然因素的那种实体［像在东方公社中那样］；也不是［像在古代公社中］那样的一般物，那种一般物本身，无论是在单个人的观念中，还是从城市的存在和公社的城市需要不同于单个人的存在和需要来说，或者从公社的城市土地这种公社特殊存在不同于公社成员的特殊经济存在来说，都是一个**存在着的统一体**。与此相反，［日耳曼］的公社本身，一方面，作为语言、血统等等的共同体，是个人所有者存在的前提；但另一方面，这种公社只存在于公社为着共同目的而举行的**实际集会**中，而就公社具有一种特殊的经济存在（表现为共同使用

猎场、牧场等等）而言，它是被每一个个人所有者以个人所有者的身分来使用，而不是以国家代表的身分（像在罗马那样）来使用的。这实际上是个人所有者的共同财产，而不是在城市中另有其特殊存在而与单个人相区别的那种个人所有者联合体的共同财产。

这里问题的关键其实在于：在所有这些形式中，土地财产和农业构成经济制度的基础，因而经济的目的是生产使用价值，是在个人对公社（个人构成公社的基础）的一定关系中把个人再生产出来——在所有这些形式中，都存在着以下的特点：

（1）对劳动的自然条件的占有，即对**土地**这种最初的劳动工具、实验场和原料贮藏所的占有，不是通过劳动进行的，而是劳动的前提。个人把劳动的客观条件简单地看作是自己的东西，看作是使自己的主体性得到自我实现的无机自然。劳动的主要客观条件本身并不是劳动的**产物**，而是已经存在的**自然**。[V—2]一方面，是活的个人，另一方面，是作为个人再生产的客观条件的土地。

（2）但是，这种把土地，把大地当作劳动的个人的财产来看待的**关系**——因此，个人从一开始就不表现为单纯劳动的个人，不表现在这种抽象形式中，而是拥有土地财产作为**客观的存在方式**，这种客观的存在方式是他的活动的**前提**，并不是他的活动的简单结果，这就和他的皮肤或他的感官一样是他的活动的前提,这些东西在他的生命过程中虽然也被他再生产并加以发展等等,但毕竟作为前提存在于再生产过程本身之前——,直接要以个人作为**某一公社成员**的自然形成的、或多或少历史地发展了的和变化了的存在,要以他作为部落等等成员的自然形成的存在为中介。

孤立的个人是完全不可能有土地财产的,就像他不可能会说话一样。诚然,他能够像动物一样,把土地作为实体来维持自己的生存。把土地当作财产,这种关系总是要以处在或多或少自然形成的或历史地发展了的形式中的部落或公社占领土地(和平地或暴力地)为中介。在这里,个人决不可能像单纯的自由工人那样表现为单个的点。如果说,个人劳动的客观条件是作为属于他所有的东西而成为前提,那么,在主观方面,个人本身作为某一公社的成员就成为前提,因为他对土地的关系是以公社为中介的。他对劳动的客观条件的关系是以他作为公社成员的身分为中介的;另一方面,公社的现实存在,又由个人对劳动的客观条件的所有制的一定形式来决定。不管这种以公社成员身分为中介的所有制,究竟是表现为**公共所有制**(在这种情况下,单个人只是占有者,不存在土地的私有制);还是这种所有制表现为国家所有同私人所有相并列的双重形式(不过在这种情况下,后者决定于前者,因而只有国家公民才是并且必定是私有者,但另一方面,作为国家公民,他的所有制又同时具有特殊的存在);最后，还是这种公社所有制仅仅表现为个人所有制的补充（在这种情况下，个人所有制表现为公社所有制的基础，而公社本身，除了存在于公社成员的集会中和他们为共同目的的联合中以外，完全不存在），——不管怎样，公社成员或部落成员对部落土地的关系，即对部落所定居的土地的关系的这种种不同的形式，部分地取决于部落的自然性质，部分地取决于部落现在实际上在怎样的经济条件下以所有者的身分对待土地，就是说，通过劳动来获取土地的果实；而这一点本身又取决于气候，土壤的自然特性，由自然条件决定的土壤利用方式，同敌对部落或四邻部落的关系，以及由迁移、历史事件等等引起的变动。

要使公社本身照老样子继续存在下去，公社成员的再生产就必须在被作为前提的客观条件下进行。生产本身，人口的增长（这也属于生产），必然要逐渐扬弃这些条件，破坏这些条件，而不是加以再生产等等，这样，共同体就同作为其基础的所有制关系一起瓦解了。

亚细亚形式必然保持得最顽强也最长久。这取决于亚细亚形式的前提：单个人对公社来说不是独立的，生产的范围限于自给自足，农业和手工业结合在一起，等等。

如果单个人改变自己对公社的关系，他也就在改变公社，破坏公社，同样也破坏公社的经济前提；另一方面，这种经济前提也发生变化——由于本身的辩证法而发生变化，贫穷化等等。尤其是由于战争和征服的影响，例如在罗马，这本质上属于公社本身的经济条件——，作为公社基础的实际纽带遭到破坏。

在所有这些形式中，发展的基础都是单个人对公社的**被作为前提的**关系——或多或少是自然地或又是历史地形成的但已变成传统的关系——的**再生产**，以及他对劳动条件和对劳动同伴、对同部落人等等的关系上的**一定**、对他来说是**前定的**、**客观的**存在。因此，这种基础从一开始就是有**局限的**，而随着这种局限的消除，基础就崩溃和灭亡了。在罗马人那里，奴隶制的发展、土地占有的集中、交换、货币关系、征服等等，正是起着这样的作用，虽然所有这些因素在达到某一定点以前似乎还和基础相容，部分地似乎只是无害地扩大着这个基础，部分地似乎只是从这个基础中生长出来的恶习。这里，在一定范围内可能有很大的发展。个人可能表现为伟大的人物。但是，在这里，无论个人还是社会，都不能想象会有自由而充分的发展，因为这样的发展是同原始关系相矛盾的。

［V—3］哪一种土地所有制等等的形式最有生产效能，能创造最大财富呢？我们在古代人当中不曾见到有谁研究过这个问题。［在古代人那里，］财富不表现为生产的目的，尽管卡托能够很好地研究哪一种土地耕作法最有利，布鲁土斯甚至能够按最高的利率放债。人们研究的问题总是，哪一种

所有制方式会造就最好的国家公民。财富表现为目的本身，这只是少数商业民族——转运贸易的垄断者——中才有的情形，这些商业民族生活在古代世界的缝隙中，正像犹太人生活在中世纪社会中的情形一样。问题在于，一方面，财富是物，它体现在人作为主体与之相对立的那种物即物质产品中；另一方面，财富作为价值，是对他人劳动的单纯支配权，不过不是以统治为目的，而是以私人享受等等为目的。在所有这一切形式中，财富都以物的形态出现，不管它是物也好，还是以存在于个人之外并偶然地同他并存的物为中介的关系也好。

因此，古代的观点和现代世界相比，就显得崇高得多，根据古代的观点，人，不管是处在怎样狭隘的民族的、宗教的、政治的规定上，总是表现为生产的目的，在现代世界，生产表现为人的目的，而财富则表现为生产的目的。事实上，如果抛掉狭隘的资产阶级形式，那么，财富不就是在普遍交换中产生的个人的需要、才能、享用、生产力等等的普遍性吗？财富不就是人对自然力——既是通常所谓的"自然"力，又是人本身的自然力——的统治的充分发展吗？财富不就是人的创造天赋的绝对发挥吗？这种发挥，除了先前的历史发展之外没有任何其他前提，而先前的历史发展使这种全面的发展，即不以旧有的尺度来衡量的人类全部力量的全面发展成为目的本身。在这里，人不是在某一种规定性上再生产自己，而是生产出他的全面性；不是力求停留在某种已经变成的东西上，而是处在变易的绝对运动之中。

在资产阶级经济以及与之相适应的生产时代中，人的内在本质的这种充分发挥，表现为完全的空虚化；这种普遍的对象化过程，表现为全面的异化，而一切既定的片面目的的废弃，则表现为为了某种纯粹外在的目的而牺牲自己的目的本身。因此，一方面，稚气的古代世界显得较为崇高。另一方面，古代世界在人们力图寻求闭锁的形态、形式以及寻求既定的限制的一切方面，确实较为崇高。古代世界是从狭隘的观点来看的满足，而现代则不给予满足；换句话说，凡是现代表现为自我满足的地方，它就是**鄙俗的**。

蒲鲁东先生称之为财产——他所理解的财产正是指土地财产——的**非经济**起源的那种东西①，就是个人对劳动的客观条件的，首先是对劳动的**自然客观条件**的**资产阶级以前的**关系，因为，正像劳动的主体是自然的个人，是自然存在一样，他的劳动的第一个客观条件表现为自然，土地，表现为他的无机体；他本身不但是有机体，而且还是这种作为主体的无机自然。这种条件不是他的产物，而是预先存在的；作为他身外的自然存在，是他的前提。

---

① 蒲鲁东关于财富的起源问题的看法，见他的《经济矛盾的体系，或贫困的哲学》1846年巴黎版第2卷第269页。

马克思在《哲学的贫困》第2章第4节中引用并批判了这段话。

在我们进一步分析这个问题之前，还要指出下面一点：好样的蒲鲁东不但能够，而且一定会同样振振有词地给作为财产形式的**资本**和**雇佣劳动**扣上**非经济**起源的罪名。因为，劳动的客观条件在工人方面作为跟他相分离的东西、作为**资本**出现，和**工人**在资本家方面作为无财产者、作为抽象工人出现，——价值同活劳动之间发生的交换，是以一个**历史过程**为前提的（虽然资本和雇佣劳动这两者本身再生产着这种关系，并且在其客观的广度上以及深度上都发展着这种关系），这种历史过程正如我们所看到的，就是资本与雇佣劳动的起源史。

换句话说：财产的**非经济起源**，无非就是资产阶级经济的**历史起源**，即在政治经济学各种范畴中得到理论或观念表现的那些生产形式的**历史起源**。可是，资产阶级以前的历史及其每一阶段也有自己的**经济**和运动的**经济基础**这一事实，归根到底不过是这样一个同义反复，即人们的生活自古以来就建立在生产上面，建立在这种或那种**社会**生产上面，这种社会生产的关系，我们恰恰就称之为经济关系。

生产的原始条件（或者同样也可以说：由于两性间的自然过程而增多的人的再生产的原始条件；因为这种再生产，一方面表现为主体对客体的占有，另一方面，同样也表现为客体的塑形，客体从属于主体的目的，客体转化为主体活动的结果和容器）最初**本身不可能是生产出来的**，不可能是生产的结果。需要说明的，或者成为某一［V—4］历史过程的结果的，不是活的和活动的人同他们与自然界进行物质变换的自然无机条件之间的统一，以及他们因此对自然界的占有；而是人类存在的这些无机条件同这种活动的存在之间的**分离**，这种分离只是在雇佣劳动与资本的关系中才得到完全的发展。

在奴隶制关系和农奴制关系中，没有这种分离；而是社会的一部分被社会的另一部分当作只是自身再生产的**无机自然**条件来对待。奴隶同他的劳动的客观条件没有任何关系；而**劳动**本身，无论是奴隶形式的，还是农奴形式的，都被**作为生产的无机条件**与其他自然物列为一类，即与牲畜并列，或者是土地的附属物。

换句话说：生产的原始条件表现为自然前提，即**生产者的自然生存条件**，正如他的活的躯体一样，尽管他再生产并发展这种躯体，但最初不是由他本身创造的，而是他本身的**前提**；他本身的存在（肉体存在），是一种并非由他创造的自然前提。被他当作属于他所有的无机体来看待的这些**自然生存条件**，本身具有双重的性质：（1）是主体的自然，（2）是客体的自然。生产者作为家庭、部落、特里布斯[①]等等——它们后来和别的家庭、部落、特里布斯等等相混合、相对立,而在历史上采取各种不同的形态——的一个成员而存在,并且作为这样一个成员,他把一定的自然(这里说的还是土地)当作是自身的无机存在,当作是自身的生产和再生产的条件。作为共同体的一个天然的成员,他分享公共的财产,并占有自己单独的一份;正如他生来是罗马公民,对公有地有(至少是)观念上的要求权,而对于若干罗马亩的土地则有实际上的要求权一样,等等。

他的**财产**,即他把他的生产的自然前提看作属于他的,看作他**自己的东西**这样一种关系,是以他本身是共同体的天然成员为中介的。(共同体的抽象,即其成员除语言等等而外几乎毫无共同的东西,甚至语言也不一定是共同的,这显然是晚得多的历史状况的产物。)例如,就单个的人来说,很清楚,他只是作为某一人类共同体的天然成员,才把语言看作是**自己的**。把语言看作单个人的产物,这是荒谬绝伦的。同样,财产也是如此。

———

① 特里布斯(Tribus)是古罗马的行政区单位。从塞尔维乌斯实施改革的时期(公元前6世纪)起,罗马的城区划分为四个特里布斯。同时,还有几个郊区的特里布斯。每个特里布斯中凡占有土地的自由民都列入该特里布斯的户籍簿。在按地区划分为特里布斯之前,更古老的方法是按部落和氏族划分("特里布斯"一词的原意是"部落",每一特里布斯包括一百个氏族)。这种划分方法是原始公社制度的残余。

语言本身是一定共同体的产物,同样从另一方面说,语言本身就是这个共同体的存在,而且是它的不言而喻的存在。

〔像人们在秘鲁所看到的那种共同生产和公有制,显然是一种**派生**形式,它们是由一些征服者部落所引入的和传输进来的,这些部落在其故乡所熟悉的是一种古老的更简单的——如在印度和斯拉夫人那里所存在的——公有制和共同生产。同样,例如在威尔士的克尔特人那里我们所遇到的那种形式,看来是传输到他们那里去的,也是**派生的**,是由征服者引入处于较低发展阶段的被征服部落的。这些制度是由一个**最高中心**加以完善并系统地造成的,这证明它们的形成较晚。正如引入英格兰的封建主义,按其形式来说,比在法兰西自然形成的封建主义较为完备一样。〕

〔在游牧的畜牧部落——所有畜牧民族最初都是游牧的——那里,土地和其他自然条件一样,是以原始的无穷无尽的形式出现的,例如亚洲的草原和亚洲高原的情形就是这样。土地被用作牧场等等,在土地上放牧畜群,畜牧民族则靠畜群生存。他们把土地当作自己的财产,虽然他们从来没有把这种财产固定下来。在美洲蒙昧的印第安部落中,狩猎地区便是这一类财产;部落把某一地区认作自己的狩猎地盘,并用强力保护它免受其他部落侵犯,或者是设法把其他部落从他们所占有的地盘上赶走。在游牧的畜牧部落中,公社事实上总是聚集在一起的;这是旅行团体,是结队旅行者,是游牧群,而上下级从属关系的形式便由这种生活方式的条件中发展出来。在这里,**被占有**和**再生产的**,事实上只是畜群,而不是土地,在每一处停留地上土地都是被暂时**共同使用**的。〕

某一个共同体,在它把生产的自然条件——土地(如果我们立即来考察定居的民族)——当作**自己的**东西来对待时,会碰到的唯一障碍,就是业已把这些条件当作自己的无机体而加以占据的**另一共同体**。因此**战争**就是每一个这种自然形成的共同体的最原始的工作之一,既用以保卫财产,又用以获得财产。

(在这里,事实上我们可以仅限于论述原始的土地所有制,因为在畜牧民族那里,对天然的土地产品——例如绵羊——的所有,同时也就是对他们所游牧的草地的所有。一般说来,土地财产也包括土地上的有机产物财产在内。)

〔如果把人本身〔Ⅴ—5〕也作为土地的有机附属物而同土地一起加以夺取,那么,这也就是把他作为生产条件之一而一并加以夺取,这样便产生奴隶制和农奴制,而奴隶制和农奴制很快就败坏和改变一切共同体的原始形式,并使自己成为它们的基础。简单的组织因此便取得了否定的规定。〕

所以,**财产**最初无非意味着这样一种关系:人把他的生产的自然条件看作是属于他的、看作是自己的、看作是**与他自身的存在一起产生的前提**;把它们看作是他本身的**自然前**

提,这种前提可以说仅仅是他身体的延伸。其实,人不是同自己的生产条件发生关系,而是人双重地存在着:从主体上说作为他自身而存在着,从客体上说又存在于自己生存的这些自然无机条件之中。

这些自然生产条件的形式是双重的:(1)人作为某个共同体的成员而存在;因而,也就是这个共同体的存在,其原始形式是**部落体**,是或多或少发生变化的**部落体**;(2)以共同体为中介,把**土地**看作**自己的**土地,公共的土地财产对个人来说同时又是**个人占有物**;或者是这样:只有[土地的]果实实行分配,而土地本身及其耕作仍然是共同的。(但**住所**等等,哪怕是西徐亚人的四轮车,也总是由个人占有。)对活的个体来说,生产的自然条件之一,就是他属于某一**自然形成的社会**,部落等等。这一点就已经是例如他的语言等等的条件了。他自身的生产存在,只有在这个条件下才是可能的。他的主体存在本身要以此为条件,正如他的这种存在同样要以他把土地看作是自己的实验场为条件一样。

(诚然,财产最初是**动产**,因为人起先占有的是土地的现成果实,其中也包括动物,特别是可驯养的动物。但是,甚至这样的情况,狩猎、捕鱼、游牧、以采集树木果实为生等等,也总是以占有土地为前提,或者是把土地作为固定住地,或者是供往来游动,或者是用作动物的牧场等等。)

可见,**财产**意味着:个人属于某一部落(共同体)(意味着在其中有着主客体的存在），并以这个共同体把土地看作是它的无机体这种关系为中介，个人把土地，把外在的原始生产条件（因为土地同时既是原料，又是工具，又是果实）看作是属于他的个体的前提，看作是他的个体的存在方式。**我们把这种财产归结为对生产条件的关系**。为什么不是对消费条件的关系呢？个人的生产行为最初难道不是限于占有现成的、自然界本身业已为消费准备好的东西来再生产他自身的躯体吗？即使在那些只须**找到**、**发现**这些东西的地方，也很快就要求个人做出努力、付出劳动（如狩猎、捕鱼、游牧），要求主体生产出（也就是发展）某些能力。再说，人们可以取用现有的东西，而无须使用任何工具（工具本身已经是预定供生产之用的劳动产品），无须改变现有东西的形式（这种改变甚至在游牧中就已发生了）等等的这样一种状态，是非常短暂的，在任何地方也不能被认为是事物的正常状态，甚至也不能被认为是正常的原始状态。此外，原始的生产条件当然包括不经劳动而直接可以消费的物品，如果实、动物等等；所以说消费储备本身就是**原始生产储备**的一个组成部分。

以部落体（共同体最初就归结为部落体）为基础的财产的基本条件就是：必须是部落的一个成员。这就使被这个部落所征服或制服的其他部落**丧失财产**，而且使它沦为这个部落的再生产的**无机条件**之一，共同体把这些条件看作是自己的东西。所以奴隶制和农奴制只是这种以部落体为基础的财产的继续发展。它们必然改变部落体的一切形式。在亚细亚形式下，它们所能改变的最少。这种财产形式是建立在自给自足的工农业统一之上的，在这种情况下，和在**土地财产**、**农业**独占统治的地方不同，征服［其他共同体］并不是必要条件。另一方面，因为在这种形式下，单个的人从来不能成为所有者，而只不过是占有者，所以他本身实质上就是作为公社统一体的体现者的那个人的财产，即奴隶。而奴隶制在这里既不破坏劳动的条件，也不改变本质的关系。

［V—6］其次，很清楚：

既然财产仅仅是有意识地把生产条件看作是**自己的东西**这样一种关系（对于单个的人来说，这种关系是由共同体造成、并宣布为法律和加以保证的），也就是说，既然生产者的存在表现为一种在**属于他所有的**客观条件中的存在，那么，财产就只是通过生产本身才实现的。实际的占有，从一开始就不是发生在对这些条件的想象的关系中，而是发生在对这些条件的能动的、现实的关系中，也就是这些条件实际上成为的主体活动的条件。

可是同时也很清楚：**这些条件是改变着的**。一块地方只是由于部落在那里打猎才成为狩猎地区；土地只是由于耕作才成为个人身体的延伸。在**罗马城**建起来而其周围的土地被罗马公民耕种之后，共同体的条件便和以前不同了。所有这些共同体的目的就是把**形成共同体的个人作为所有者**保持下来，即**再生产出来，也就是说**，在这样一种客观存在方式中把他们再生产出来，这种客观存在方式既形成公社成员之间的关系，同时又因而形成公社本身。但是，这种再生产必然**既是旧形式的重新生产，同时又是旧形式的破坏**。例如，在每一个人均应占有若干亩土地的地方，人口的增长就给这样做造成了障碍。要想消除这种障碍，就得向外殖民，要实行殖民就必须进行征服战争。这样就有奴隶等等。还有，例如，公有地扩大了，这样代表共同体的贵族就增加了等等。

可见，旧共同体的保持包含着被它当作基础的那些条件的破坏，这种保持会转向对立面。例如，如果设想，原有土地面积上的生产率能够通过发展生产力等等（在旧的传统的耕作方式下，这种发展恰好是最缓慢的）而提高，那么，这就意味着会有新的劳动方式，新的劳动结合，每天会有很大一部分时间用在农业上等等，而这又会破坏共同体的旧有的经济条件。在再生产的行为本身中，不但客观条件改变着，例如乡村变为城市，荒野变为开垦地等等，而且生产者也改变着，他炼出新的品质，通过生产而发展和改造着自身，造成新的力量和新的观念，造成新的交往方式，新的需要和新的语言。

生产方式本身越是保持旧的传统——而这种传统方式在农业中保持得很久的，在东方的那种农业与工业的结合中，保持得更久——，也就是说，占有的**实际过程**越是保持不变，那么，旧的所有制形式，从而共同体本身，也就越是稳固。

凡是公社成员作为私有者已经同作为城市公社以及作为城市领土所有者的自身分开的地方，那里也就出现了单个的人可能**丧失**自己的财产的条件，也就是丧失使他既成为平等公民即共同体成员，又成为**所有者**的那种双重关系。在东方的形式中，如果不是由于纯粹外界的影响，这样的**丧失**几乎是不可能的，因为公社的单个成员对公社从来不处于可能会使他丧失他同公社的联系（客观的、经济的联系）的那种自由的关系之中。他是同公社牢牢地长在一起的。其原因也在于工业和农业的结合，城市（乡村）和土地的结合。

在古代人［希腊人和罗马人］那里，工业已被认为是有害的职业（是释放的奴隶、被保护民①、外地人干的事情）等等。生产劳动的这种发展（这种劳动作为只是为农业和战争服务的自由人的家庭劳动，或者作为为宗教仪式和共同体服务的工业，如建造房屋、修筑道路、兴建庙宇等等，而从单纯从属于农业的状况中摆脱出来），是必然会有的，这是由于同外地人交往，由于有奴隶，由于要交换剩余产品等等；这种发展使那种成为共同体的基础的、因而也成为每一个**客体的个人**（即作为罗马人、希腊人等等的个人）的基础的生产方式发生解体。交换也起同样的作用；还有债务等等。

---

① 被保护民是依附于古罗马贵族的受保护的贫民，就其阶级性来说，处于自由民与被解放的奴隶之间。

共同体（部落体）的特殊形式和与它相联系的对自然界的所有权这二者的原始统一，或者说，把生产的客观条件当作自然存在，当作以公社为中介的单个人的客观存在这样一种关系，——这种统一一方面表现为一种特殊的所有制形式，——在一定的**生产方式**本身中具有其活生生的现实性；这种生产方式既表现为个人之间的相互关系，又表现为他们对无机自然的一定的能动的关系，[V—7]表现为一定的劳动方式（这种劳动方式总是表现为家庭劳动，常常是表现为公社劳动）。作为第一个伟大的生产力出现的是共同体本身；特殊的生产条件（例如畜牧业、农业）发展起特殊的生产方式和特殊的生产力，既包括表现为个人特性的主体的生产力，也包括客体的生产力。

劳动主体所组成的共同体，以及以此共同体为基础的所有制，归根到底归结为劳动主体的生产力发展的一定阶段，而和该阶段相适应的是劳动主体相互间的一定关系和他们对自然的一定关系。直到某一点为止，是再生产。然后，便转入解体。

因此，**财产**最初（在它的亚细亚的、斯拉夫的、古代的、日耳曼的形式中）意味着，劳动的（进行生产的）主体（或再生产自身的主体）把自己的生产或再生产的条件看作是自己的东西这样一种关系。因此，它也将依照这种生产的条件而具有种种不同的形式。生产本身的目的是在生产者的这些客观存在条件中并连同这些客观存在条件一起把生产者再生产出来。个人把劳动条件看作是自己的财产（这不是劳动即生产的结果，而是其前提），是以个人作为某一部落体或共同体的成员的一定的存在为前提的（他本身直到某一点为止是共同体的财产）。

在奴隶制、农奴制等等之下，劳动者本身表现为服务于某一第三者个人或共同体的自然生产条件之一（这**不**适用于例如东方的普遍奴隶制；这只是从欧洲的观点来看的）；因而，财产就不再是亲身劳动的个人对劳动客观条件的关系了。奴隶制、农奴制等等总是派生的形式，而决不是原始的形式，尽管它们是以共同体和以共同体中的劳动为基础的那种所有制的必然的和合乎逻辑的结果。

当然，可以非常简单地设想一下，有个体力超群的大力士，起先捉野兽，后来便捉人，迫使人去捉野兽，总之，像利用自然界中任何其他生物一样，也把人当作自然界中现有的条件之一，用于自己的再生产（这时他自己的劳动就归结为统治等等）。可是，这样的看法是荒谬的——尽管它就某一个部落体或共同体来看是很对的——，因为它是从**孤立的**人的发展出发的。

人只是在历史过程中才孤立化的。人最初表现为**类存在物，部落体，群居动物**——虽然决不是政治意义上的政治动物①。交换本身就是造成这种孤立化的一种主要手段。它使群的存在成为不必要,并使之解体。然而,一旦事情变成这样,即人作为孤立的个人只和自己发生关系,那么使自己确立为一个孤立的个人所需要的手段,就又变成使自己普遍化和共同化的东西。在这种共同体里,单个的人作为所有者(比如说作为土地所有者)的客观存在就是前提,而且这又是发生在一定的条件之下,这些条件把单个的人锁在这个共同体上,或者更确切些说,使之成为共同体锁链上的一环。例如在资产阶级社会里,工人完全丧失了客体条件,他只是在主体上存在着;而和他**对立的东西**,现在却变成**真正的共同体**,工人力图吞食它,但它却吞食着工人。

共同体以主体与其生产条件有着一定的客观统一为前提的,或者说,主体的一定的存在以作为生产条件的共同体本身为前提的所有一切形式(它们或多或少是自然形成的,但同时也都是历史过程的结果),必然地只和有限的而且是原则上有限的生产力的发展相适应。生产力的发展使这些形式解体,而它们的解体本身又是人类生产力的发展。人们先是在一定的基础上——起先是自然形成的基础,然后是历史的前

---

① 政治动物(Zωου πολιτιχου),从更广泛意义来说是"社会动物"。这是亚里士多德在他的《政治学》第1册开头给人下的定义。马克思在《资本论》第1卷第11章第(13)注中指出:"确切地说,亚里士多德所下的定义是:人天生是城市的市民。"

提——从事劳动的。可是到后来，这个基础或前提本身就被扬弃，或者说成为对于不断前进的人群的发展来说过于狭隘的、正在消灭的前提。

至于古代的土地所有制在现代小块土地所有制中再现的问题，这本身属于政治经济学的范围，我们将在关于土地所有制的一篇中加以论述。

[V—8]（这一切还要回头来进行更深入和更详细的分析。）

在这里我们首先要谈的是：劳动对资本的关系，或者说，劳动对作为资本的劳动客观条件的关系，是以一个历史过程为前提的，这个历史过程曾促使劳动者是所有者，或者说所有者本身从事劳动的各种不同形式发生了解体。

因此，首先指的是：

（1）劳动者把土地当作生产的自然条件的那种关系的**解体**，即他把这种条件看作是自身的无机存在，看作是自己力量的实验场和自己意志所支配的领域的那种关系的**解体**。这种所有制所表现出来的一切形式，都是以这样一种**共同体**为前提的，这种共同体的成员彼此间虽然可能有形式上的差异，但作为共同体的成员，他们都是**所有者**。所以，这种所有制的原始形式本身就是**直接的共同所有制**（**东方形式**，这种形式在斯拉夫人那里有所变形；在古代的和日耳曼的所有制中它发展成为对立物，但仍然是隐蔽的——尽管是对立的——

基础)。

(2)劳动者是**工具所有者**的那种**关系的解体**。正如上述的土地所有制形式以**现实的共同体**为前提一样,劳动者对他的工具的这种所有制,是以**手工业劳动**这一工业劳动发展的特殊形式为前提的;同这种劳动形式相联系的是行会同业公会制度等等。(古代东方的工业在考察上述第一点时就可以加以分析。)在这里,劳动本身一半还是技艺,一半则是目的本身等等。师傅制。资本家自己还是师傅。特殊的劳动技能也保障着劳动工具的占有等等。劳动方式以及劳动组织和劳动工具在某种程度上是继承的。中世纪的城市。劳动还是劳动者自己的劳动;片面能力的一定的自足的发展等等。

(3)在以上两种情况下,劳动者在生产开始以前都具有作为生产者来生活——也就是在生产期间即在完成生产**以前**维持生活——所必需的消费品。作为土地所有者,他直接拥有必要的消费储备。作为行会师傅,他继承、赚得、积蓄这种消费储备,而作为徒弟,他不过是一个**学徒**,还完全不是真正的、独立的劳动者,而是按照家长制寄食于师傅。作为(真正的)帮工,他在一定程度上分享师傅所有的消费储备。这种储备即使不是帮工的**财产**,按照行会的法规和习惯等等,至少是他的共同占有物等等。(这个问题将进一步论述。)

(4)另一方面,还有一种关系也同样发生**解体**,在这种关系中,**劳动者本身**、活的劳动能力本身,还**直接属于生产**

的客观条件，而且作为这种生产的客观条件被人占有，因而是奴隶或农奴。对资本来说，工人不是生产条件，而只有劳动才是生产条件。如果资本能够让机器，或者甚至让水、空气去从事劳动，那就更好。而且资本占有的不是工人，而是他的劳动，不是直接地占有，而是通过交换来占有。

一方面，要找到劳动者作为自由工人，作为丧失客体条件的、纯粹主体的劳动能力，来同作为**他的非财产**，作为**他人的财产**，作为自为存在的**价值**，作为资本的生产的客观条件相对立，所需要的历史前提便是这些。另一方面，要问：工人要找到同自己相对立的**资本**，需要什么样的条件呢？

〔在资本的公式中，活劳动对于原料、对于工具、对于劳动过程中所必需的生活资料的关系，都是从否定的意义上即把这一切都当作非财产来发生关系，——这种资本的公式，**首先包括非土地财产**，或者说，否定这样一种状态，在这种状态中，劳动的个人把土地看作是自己的东西，也就是说，他是作为土地所有者而劳动、而生产的。在最好的情况下，他不仅是作为劳动者同土地发生关系，而且是作为土地所有者同作为劳动主体的自身发生关系。土地财产潜在地包含着对原料，对原始的工具即土地本身，以及对土地上自然生长出来的果实的所有权。在最原始的形式中，这意味着把土地当作自己的财产，在土地中找到原料、工具以及不是由劳动所创造而是由土地本身所提供的生活资料。只要这种关系再生产出来，那么，派生的工具以及由劳动本身所创造的土地的果实，就显得是包含在原始形式的土地财产中的东西。因此，这种历史状态作为较完全的财产关系，也就在工人同作为资本的劳动条件的关系中首先被否定了。这是第一种历史状态，它在工人同资本的关系中被否定了，或者说作为历史上已经解体的东西而成为前提。

第二，[V—9]只要存在着**对工具的所有权**，或者说劳动者把工具看作是他自己的东西，只要劳动者作为工具所有者来进行劳动（这同时意味着工具包括在他个人的劳动之内，也就是意味着劳动生产力处在特殊的有限的发展阶段上），只要**劳动者表现为所有者**或表现为**从事劳动的所有者**的这种形式，已经成为一种与**土地财产**并存并且存在于**土地财产**之外的独立形式，——这就是劳动在手工业中和城市中的发展，这种发展已不像在第一种情况下那样，是土地财产的附属品，包括在土地财产之内；因此，原料和生活资料成为手工业者的财产，只是以他的手工业，以他对劳动工具的所有权**为中介**，——凡是在这样的地方，就已经有了与第一个历史阶段并存并且存在于第一个历史阶段之外的第二个历史阶段；而第一个历史阶段本身，由于**上述第二类财产**或**第二类从事劳动的所有者独立出来**，就必然以大大改变了的面貌出现。

因为工具本身已经是劳动的产物，也就是说，构成财产的要素已经是由劳动创造的要素，所以在这里，共同体（指这个第二类财产借以建立的共同体），就不能再像第一种情况下那样以一种自然形成的形式出现了，共同体本身已经是被生产出来的、产生出来的、派生出来的、由劳动者本身生产出来的共同体。显然，凡是在工具的所有权表现为把劳动的生产条件看作财产这样一种关系的地方，工具在实际的劳动中**仅仅**表现为个人劳动的**手段**；那种使他实际上占有工具并把工具作为劳动资料来使用的技艺，表现为劳动者的特殊技能，这种特殊技能使他成为工具所有者。总之，行会同业公会制度（即把劳动主体确立为所有者的那种手工业劳动）的基本性质，应该归结为把生产工具（劳动工具）看作是财产这样一种关系，这与把土地（原料本身）看作归自己所有是不同的。这种对生产条件的这一个要素的关系，把劳动的主体确立为所有者，使他成为从事劳动的所有者，这是第二种历史状态，它按其本性只有作为第一种状态的对立物，或者可以说，同时作为已经改变的第一种状态的补充物，才能存在。这第二种历史状态，在资本的第一个公式中也同样被否定了。

　　第三种**可能的形式**，就是劳动者只是生活资料的所有者，生活资料表现为劳动主体的自然条件，而无论是土地，还是工具，甚至劳动本身，都不归自己所有。这种形式实质上是奴隶制和农奴制的公式，在工人同作为资本的生产条件的关系中，它也同样被否定了，表现为在历史上已经解体的状态。

所有制的各种原始形式，必然归结为把各种制约着生产的客观因素看作是自己的东西这样一种关系；这些原始形式构成各种形式的共同体的经济基础，同样它们又以一定形式的共同体作为前提。这些形式由于劳动本身被列入**生产的客观条件**（农奴制和奴隶制）之内而在本质上发生变化，于是属于第一种状态的一切财产形式的单纯肯定性质便丧失了，发生变化了。它们全都包含着奴隶制这种可能性，因而包含着这种对自身的扬弃。至于第二种状态，特殊种类的劳动，其中的师傅制，以及与之相适应的对工具的所有=对生产条件的所有，这种状态虽然不包含奴隶制和农奴制，但可以在种姓制度的形式中得到类似的否定的发展。〕

〔对生活资料的所有权的第三种财产形式——如果不是归结为奴隶制和农奴制——不可能包含**劳动的**个人对生产条件，因而对生存条件的关系。因此，它只能是以土地财产为基础的原始共同体的这样一些成员的关系，他们失去了自己的土地财产，但还没有达到第二种财产形式；面包和娱乐时代[①]的罗马平民的情形就是这样。〕

〔侍从对他们的领主的关系，或者说个人服务的关系，有

---

① "面包和娱乐"（panes et circenses），出自尤维纳利斯《讽刺诗集》第10节第81行。马克思说的面包和娱乐时代指的是罗马奴隶制国家的繁荣时期，那时丧失社会地位的平民被排除于生产领域之外，主要靠国家和富有的奴隶主的施舍来生活。发放钱粮和大搞竞技比赛，是公元前一世纪以来罗马官吏为防止平民闹事而采取的一种重要手段。

本质的不同。因为个人服务实质上仅仅构成土地所有者本身的生存方式，这种土地所有者已经不再从事劳动，而他的财产则把劳动者本身作为农奴等等包括在生产条件之内。在这里，**统治关系**表现为本质的占有关系。对于动物、土地等等，实质上不可能通过占有而发生任何统治的关系，虽然动物服劳役。占有他人的**意志**是统治关系的前提。因此，没有意志的东西，例如动物，虽然能服劳役，但这并不使所有者成为**领主**。可是我们在这里看到，**统治关系和隶属关系**也属于生产工具占有的这种公式之内；而这些统治关系和隶属关系构成所有原始的财产关系和生产关系发展和灭亡的必要酵母，同时它们又表现出这些关系的局限性。诚然，在资本中，它们被再生产出来（以间接的形式），因而也构成资本解体的酵母，同时也是资本的局限性的标记。]

[V—15] 如果说我们看到，货币转化为资本，是以劳动的客观条件与劳动者相分离、相独立的那个历史过程为前提的，那么，从另一方面说，资本一旦产生出来并发展下去，其结果就是使全部生产服从自己，并到处发展和实现劳动与财产之间，劳动与劳动的客观条件之间的分离。在以后的叙述中可以看到，资本是怎样消灭手工业劳动、从事劳动的小土地所有制等等，甚至也消灭了那种处在不与劳动相对立的形式上的资本本身，即**小资本**和介于旧生产方式（或在资本

的基础上更新的旧生产方式）同典型的名副其实的资本生产方式之间的中间类型、混合类型。

在资本产生时作为前提的唯一积累，是**货币财富**的积累，这种货币财富从本身来看完全是非生产的，它仅仅从流通中产生出来而且仅仅属于流通。资本迅速为自己创造国内市场，是通过消灭所有的农村副业，从而为一切人纺织，为一切人供应衣服等等，一句话，使以前作为直接使用价值而生产的商品具有交换价值的形式，这是一个由于劳动者与土地以及与生产条件的所有权（甚至也许是依附者的所有权）相分离而自然产生的过程。

城市手工业在实质上虽然是以交换和创造交换价值为基础的，但在这里生产的直接的主要的目的，是**保证手工业者**、**手工业师傅的生存**，因而是使用价值，不是**发财致富**，不是**作为交换价值的交换价值**。所以，生产处处从属于作为前提的消费，供给从属于需求，而且只是缓慢地扩大着。

可见，资本家和雇佣工人的产生，是资本价值增殖过程的主要产物。普通经济学只看到生产出来的物品，而把这一点完全忽略了。因为在这个过程中，对象化的劳动同时又表现为工人的**非对象性**，表现为与工人对立的一个主体的对象性，表现为工人之外的异己意志的**财产**，所以资本就必然地同时是**资本家**，而有些社会主义者认为，我们需要资本，但不需要资本家，①——这是完全错误的。在资本的概念中包含着这样一点：劳动的客观条件（而这种客观条件是劳动本身的产物）对劳动来说**人格化**了，或者同样可以说，客观条件表现为对工人来说是异己的人格的财产。资本的概念中包含着资本家。

[资本流通]

[V—16] 我们已经看到，资本的真正本性只有在**循环结束时**才表现出来。②

我们现在要考察的是**资本循环**本身，或者说，**资本流通**。初看起来，生产处于流通的彼岸，而流通处于生产的彼岸。资本的循环——设定为资本流通的流通——包括两个要素。在这种流通中，生产表现为流通的终点和起点，反过来也一样。流通的独立性现在被降低为单纯的外观，生产的彼岸性也是如此。

---

① 马克思在《剩余价值理论》关于英国社会主义者托马斯·霍吉斯金的那一节中，概括地评述了英国社会主义者的这一观点（见《剩余价值理论》第3册第21章第3节(d)）。在未写完的关于英国社会主义者约翰·布雷的那一节中（同上，第4节），马克思从布雷的著作《对待劳动的不公正现象及其解决办法》1839年里子版第59页上引用了他的这样一段话："对生产者的操作具有重大意义的不是资本家，而是资本。资本和资本家之间的区别就像船上装的货物和提货单之间的区别一样大。"
② 见《马克思恩格斯全集》第30卷。——编者注

〔对以上所述还要补充一点：等价物的交换好像是以个人劳动产品的所有权为前提的，——因此好像把**通过劳动的占有**，即占有的现实经济过程，同**对客体化的劳动的所有权**等同起来了；过去表现为实际过程的东西，在这里表现为法律关系，也就是说，被承认为生产的一般条件，因而也就在法律上被承认，成为一般意志的表现，——这样的等价物的交换转向自己的反面，由于必然的辩证法而表现为劳动和所有权的绝对分离，表现为不通过交换不付给等价物而占有他人的劳动。以交换价值为基础的生产，即在表面上进行着上述那种自由和平等的等价物交换的生产，从根本上说，是作为交换价值的**对象化劳动**同作为使用价值的活劳动之间的交换；或者可以换一种说法，是劳动把劳动的客观条件——因而也是把劳动本身所创造的客体性——看作是他人财产的关系：**劳动的外化**。另一方面，交换价值的条件是，交换价值用劳动时间来计量，因此作为价值尺度的是活劳动，而不是活劳动的价值。如果认为，在一切生产状态下，生产，从而社会，都建立在**单纯的劳动同劳动的交换**上，那就错了。在劳动把它的生产条件看作是自己的财产的各种形式中，劳动者的再生产绝不是由**单纯的劳动**所决定的，因为劳动者的所有权关系不是他的劳动的结果，而是他的劳动的前提。这一点在土地所有权上是很明显的；在行会制度下也必然清楚的是，由劳动所构成的特殊形式的财产，并不是建立在单纯的劳动或劳动的交换上，而是建立在劳动者同一定的共同体的客观联系上，建立在劳动者同他所遇到的、作为他由以出发的基础的一定条件的客观联系上。这些条件也是劳动的产物，是世界历史性的劳动的产物，共同体的劳动的产物，——是共同体的历史发展的产物，这种发展既不是从单个人的劳动出发，也不是从他们的劳动交换出发的。因此，价值增殖的前提也不是单纯的劳动。只是劳动同劳动发生交换的那种状态——不管是以直接的活劳动的形式进行交换，还是以产品的形式进行交换——，其前提是劳动从它同它的客观条件的原始共生状态中脱离出来，由于这种脱离，一方面，劳动表现为单纯的劳动，另一方面，劳动的产品作为对象化劳动，获得了同［活］劳动相对立的作为价值的完全独立的存在。**劳动同劳动相交换——这看起来是劳动者所有权的条件——是以劳动者一无所有为基础的。**］

资本把**财富本身的生产**，从而也把生产力的全面的发展，把自己的现有前提的不断变革，设定为它自己再生产的前提。价值并不排斥使用价值，因而不把特殊种类的消费等等，特殊种类的交往等等，当作绝对条件包括进来；同样，社会生产力、交往、知识等等的任何发展程度，对资本来说都只是表现为它力求加以克服的限制。它的前提本身——价值——

表现为产品，而不是表现为凌驾于生产之上的更高的前提。**资本**的限制就在于：这一切发展都是对立地进行的，生产力，一般财富等等，知识等等的创造，表现为从事劳动的个人本身的**外化**；他不是把他自己创造出来的东西当作**他自己的财富**的条件，而是当作**他人财富**和自身贫穷的条件。但是这种对立的形式本身是暂时的，它产生出消灭它自身的现实条件。

结果就是：生产力——财富一般——从趋势和可能性来看的普遍发展成了基础，同样，交往的普遍性，从而世界市场成了基础。这种基础是个人全面发展的可能性，而个人从这个基础出发的实际发展是对这一发展的**限制**的不断扬弃，这种限制被意识到是限制，而不是被当作**神圣的界限**。个人的全面性不是想象的或设想的全面性，而是他的现实联系和观念联系的全面性。由此而来的是把他自己的历史作为**过程**来理解，把对自然界的认识（这也作为支配自然界的实践力量而存在着）当作对他自己的现实躯体的认识。发展过程本身被设定为并且被意识到是这个过程的前提。但是，要达到这点，首先必须使生产力的充分发展成为**生产条件**，不是使一定的**生产条件**表现为生产力发展的界限。

[**固定资本和社会生产力的发展**]

活劳动同对象化劳动的交换，即社会劳动确立为资本和雇佣劳动这二者对立的形式，是**价值关系**和以价值为基础的生产的最后发展。这种发展的前提是现在是而且始终是：直接劳动时间的量，作为财富生产决定要素的已耗费的劳动量。但是，随着大工业的发展，现实财富的创造较少地取决于劳动时间和已耗费的劳动量，较多地取决于在劳动时间内所运用的作用物的力量，而这种作用物自身——它们的巨大效率——又和生产它们所花费的直接劳动时间不成比例，而是取决于科学的一般水平和技术进步，或者说取决于这种科学在生产上的应用。（这种科学，特别是自然科学以及和它有关的其他一切科学的发展，本身又和物质生产的发展相适应。）例如，农业将不过成为一种物质变换的科学的应用，这种物质变换能加以最有利的调节以造福于整个社会体。

现实财富倒不如说是表现在——这一点也由大工业所揭明——已耗费的劳动时间和劳动产品之间惊人的不成比例上，同样也表现在被贬低为单纯抽象物的劳动和由这种劳动看管的生产过程的威力之间在质上的不成比例上。劳动表现为不再像以前那样被包括在生产过程中，相反地，表现为人以生产过程的监督者和调节者的身分同生产过程本身发生关系。（关于机器体系所说的这些情况，同样适用于人们活动的结合和人们交往的发展。）这里已经不再是工人把改变了形态的自然物作为中间环节放在自己和对象之间；而是工人把［Ⅶ—3］由他改变为工业过程的自然过程作为中介放在自己和被他支配的无机自然界之间。工人不再是生产过程的主要作用者，而是站在生产过程的旁边。

在这个转变中，表现为生产和财富的宏大基石的，既不是人本身完成的直接劳动，也不是人从事劳动的时间，而是对人本身的一般生产力的占有，是人对自然界的了解和通过人作为社会体的存在来对自然界的统治，总之，是社会个人的发展。**现今财富的基础是盗窃他人的劳动时间**，这同新发展起来的由大工业本身创造的基础相比，显得太可怜了。一旦直接形式的劳动不再是财富的巨大源泉，劳动时间就不再是，而且必然不再是财富的尺度，因而交换价值也不再是使用价值的尺度。**群众的剩余劳动**不再是一般财富发展的条件，同样，**少数人的非劳动**不再是人类头脑的一般能力发展的条件。于是，以交换价值为基础的生产便会崩溃，直接的物质生产过程本身也就摆脱了贫困和对立的形式。个性得到自由发展，因此，并不是为了获得剩余劳动而缩减必要劳动时间，而是直接把社会必要劳动缩减到最低限度，那时，与此相适应，由于给所有的人腾出了时间和创造了手段，个人会在艺术、科学等等方面得到发展。

资本本身是处于过程中的矛盾，因为它竭力把劳动时间缩减到最低限度，另一方面又使劳动时间成为财富的唯一尺度和源泉。因此，资本缩减必要劳动时间形式的劳动时间，以便增加剩余劳动时间形式的劳动时间；因此，越来越使剩余劳动时间成为必要劳动时间的条件——生死攸关的问题。一方面，资本唤起科学和自然界的一切力量，同样也唤起社会结合和社会交往的一切力量，以便使财富的创造不取决于（相对地）耗费在这种创造上的劳动时间。另一方面，资本想用劳动时间去衡量这样造出来的巨大的社会力量，并把这些力量限制在为了把已经创造的价值作为价值来保存所需要的限度之内。生产力和社会关系——这二者是社会个人的发展的不同方面——对于资本来说仅仅表现为手段，仅仅是资本用来从它的有限的基础出发进行生产的手段。但是，实际上它们是炸毁这个基础的物质条件。

〔在必要劳动时间之外，为整个社会和社会的每个成员**创造大量可以自由支配的时间**（即为个人生产力的充分发展，因而也为社会生产力的充分发展创造广阔余地），这样创造的非劳动时间，从资本的立场来看，和过去的一切阶段一样，表现为少数人的非劳动时间，自由时间。资本还添加了这样一点：它采用技艺和科学的一切手段，来增加群众的剩余劳动时间，因为它的财富直接在于占有剩余劳动时间；因为它的**直接目的**是**价值**，而不是使用价值。

于是，资本就违背自己的意志，成了为社会可以自由支配的时间创造条件的工具，使整个社会的劳动时间缩减到不断下降的最低限度，从而为全体［社会成员］本身的发展腾出时间。但是，资本的趋势始终是：一方面**创造可以自由支配的时间**，**另一方面把这些可以自由支配的时间变为剩余劳动**。如果它在第一个方面太成功了，那么，它就要吃到生产过剩的苦头，这时必要劳动就会中断，因为**资本无法实现剩余劳动**。

这个矛盾越发展，下述情况就越明显：生产力的增长再也不能被占有他人的剩余劳动所束缚了，工人群众自己应当占有自己的剩余劳动。当他们已经这样做的时候，——这样一来，**可以自由支配的时间**就不再是**对立**的存在物了，——那时，一方面，社会的个人的需要将成为必要劳动时间的尺度；另一方面，社会生产力的发展将如此迅速，以致尽管生产将以所有的人富裕为目的，所有的人的**可以自由支配的时间**还是会增加。因为真正的财富就是所有个人的发达的生产力。那时，财富的尺度［Ⅶ—4］绝不再是劳动时间，而是可以自由支配的时间。以**劳动时间作为财富的尺度**，这表明财富本身是建立在贫困的基础上的，而可以自由支配的时间只是**在同剩余劳动时间的对立中并且是由于这种对立而存在的**，或者说，个人的全部时间都成为劳动时间，从而使个人降到仅仅是工人的地位，使他从属于劳动。**因此，最发达的机器体系现在迫使工人比野蛮人劳动的时间还要长，或者比他自己过去用最简单、最粗笨的工具时劳动的时间还要长。**］

〔真正的经济——节约——是劳动时间的节约（生产费用①的最低限度——和降到最低限度）。而这种节约就等于发展生产力。可见，决不是**禁欲**，而是发展生产力，发展生产的能力，因而既是发展消费的能力，又是发展消费的资料。消费的能力是消费的条件，因而是消费的首要手段，而这种能力是一种个人才能的发展，生产力的发展。

节约劳动时间等于增加自由时间，即增加使个人得到充分发展的时间，而个人的充分发展又作为最大的生产力反作用于劳动生产力。从直接生产过程的角度来看，节约劳动时间可以看作生产**固定资本**，这种固定资本就是人本身。……〕

资本从作为能动的主体，作为过程的主体的自身出发，——而在周转中，直接生产过程实际上表现为不以资本同劳动的关系为转移而由资本作为资本的运动所决定的过

---

① 生产费用这一术语，和在其他许多地方一样，马克思在这里是在"商品的内在的生产费用等于商品的价值"，也就是"等于商品生产所必需的劳动时间总量"（见《剩余价值理论》第3册第20章第1节(c)）这一意义上使用的，而不是指支付商品中包含的一部分劳动时间的资本家所耗费的生产费用。

马克思在本手稿中还没有明确区分价值(c+v+m)和生产价格(c+v+平均利润)。关于"生产费用"这一术语的三种用法，见《剩余价值理论》第3册中的《附录》第5节。

程，——同作为自行增大的价值的自身发生关系，也就是说，资本同由它设定并以它为根据的剩余价值发生关系；作为生产的源泉同作为产品的自身发生关系；作为进行生产的价值同作为已经生产出来的价值的自身发生关系。因此，资本计量新生产出来的价值，不再是用这一价值的实际尺度，即剩余劳动同必要劳动之比，而是用作为这一价值的前提的它自身来计量了。具有一定价值的资本在一定时期内生产出一定的剩余价值。

这样用预先存在的资本的价值来计量的剩余价值，这样表现为自行增殖的价值的资本，就是**利润**；从这个角度来看，不是从永恒性的角度①，而是从资本的角度来看，剩余价值就是利润；而资本在作为资本，即作为进行生产和再生产的价值的自身中，同作为利润，即作为新生产出来的价值的自身区别开来了。资本的产物就是**利润**。因此，剩余价值的量是用资本的价值量来计量的，因而**利润率**是由剩余价值同资本价值的比率决定的。

属于这里要考察的东西有很大一部分前面已经讲过了。但是，提前讲过的东西应该放到这里来。

只要这个新创造的、与资本具有同一性质的价值重新投入生产过程，本身作为资本重新保存下来，资本本身便增大

---

① "从永恒性的角度"是贝·斯宾诺莎的用语。它不止一次地出现在他的《伦理学》中（第2部分，定理44，结论2；第5部分，定理22—36）。

了，现在便作为具有更大价值的资本发挥作用。资本先是把作为新生产出来的价值的利润同作为预先存在的、自行增殖的价值的自身区别开来，并把利润当作它增殖的尺度，随后它又扬弃这种划分，使利润同作为资本的它自身成为同一的东西，而这个增大出利润的资本，现在又以增大的规模重新开始同一过程。资本划了一个圆圈，作为圆圈的主体而扩大了，它就是这样划着不断扩大的圆圈，形成螺旋形。

前面所阐述的一般规律可以简短地概括如下：实际的剩余价值取决于剩余劳动同必要劳动之比，或者说，取决于用来交换活劳动的那部分资本即那部分对象化劳动，同用来补偿这部分资本的那部分对象化劳动之比。而剩余价值在利润的形式上，则是按在生产过程开始前就已存在的资本的总价值来计量的。因此，**利润率**取决于——**假定**剩余价值不变，**剩余劳动同必要劳动之比不变**——与活劳动相交换的那部分资本同以原料和生产资料形式存在的那部分资本之比。这样一来，与活劳动相交换的那部分越少，利润率就越低。因此，资本作为资本同直接劳动相比在生产过程中所占的份额越是大，因而，相对剩余价值，资本创造价值的能力越是增长，**利润率**也就按相同的比例越是**下降**。

我们已经看到，已经预先存在的资本的量，在再生产开始前就已存在的资本的量，特别表现在固定资本这一已经生产出来的生产力，这一被赋予虚假生命的对象化劳动的增长上。进行生产的资本的价值总量在自己的每一部分上都表现出这种情况：同作为不变价值存在的那部分资本相比，与活劳动相交换的资本所占的比例不断降低。比如，以加工工业为例。在这里，随着固定资本，机器等的增长，以原料形式存在的那部分资本必定按相同的比例增长，而与活劳动相交换的那部分资本则减少了。

这样一来，同在生产开始前就已存在的资本——并且是在生产中作为资本发挥作用的那部分资本——的价值量相比，利润率下降了。资本已经获得的存在规模越大，新[Ⅶ—16]创造的价值对预先存在的价值（再生产出来的价值）的比例就越小。因此，**假定剩余价值相等，即剩余劳动同必要劳动之比相等**，利润同各资本的量的比例也可以不等，并且必然不等。现实的剩余价值虽然提高，利润率却可以下降。现实的剩余价值虽然下降，利润率却可以提高。

诚然，作为价值预先存在的、以原料和固定资本形式存在的那部分资本，如果和交换活劳动的那部分资本按同样的比例增长，那么，资本会增长，而利润也会按同样的比例增长。但是，这种同样的增长的前提是，资本增长而劳动生产力不增长，不发展。一个前提取消另一个前提。这是违反资本的发展规律的，特别是违反固定资本的发展规律的。只有在资本的生产方式还不适合于资本的那些阶段上，或者在资本还只是形式上取得统治的那些生产领域中，例如在农业中，才会发生这种增长情况。在农业中,土地的自然肥力可以起到固定资本增长的作用,就是说,相对剩余劳动时间增长,而必要劳动时间量并不减少。(例如,在美国。)**总利润**,也就是把剩余价值撇开其形式关系,不是作为比例而是作为同其他价值量无关的简单的价值量来看,通常**不是同利润率一道**增长,而是**同资本量一道**增长。

因此,如果说利润率同资本价值成反比,**利润额**则同资本价值成正比。但是,这一原理只是对资本或劳动的生产力发展的某一有限阶段说来才是正确的。资本100在利润为10%时提供的利润额,小于资本1 000在利润为2%时所提供的利润额。在前一种场合,利润额是10,在后一种场合是20,就是说,较大资本的总利润,比只等于这笔资本的$\frac{1}{10}$的较小资本的总利润大1倍,尽管较小资本的利润率等于较大资本的利润率的5倍。但是,如果较大资本的利润只是1%,那么利润额就是10,同只等于这笔资本的$\frac{1}{10}$的较小资本的利润额是一样的,因为利润率下降的比例和资本量〔增长〕的比例是相同的。如果资本1 000的利润率只是$\frac{1}{2}$%,那么利润额就会等于较小资本的利润额的一半,只等于5,因为利润率减少到$\frac{1}{20}$。

因此,总起来说就是:

如果较大资本的利润率下降，但是下降的比例小于资本量增长的比例，那么，利润率虽然下降，总利润会增加。如果利润率下降的比例和资本量增长的比例相同，那么，总利润就和较小资本的总利润相同；保持不变。如果利润率下降的比例大于资本量增长的比例，那么，同较小的资本相比，较大资本的总利润会随着利润率的下降而下降。

　　这从每一方面来说都是现代政治经济学的最重要的规律，是理解最困难的关系的最本质规律。从历史的观点来看，这是最重要的规律。这一规律虽然十分简单，可是直到现在还没有人能理解，更没有被自觉地表述出来。

　　利润率的这种下降意味着：（1）已经生产出来的生产力和由这种生产力构成的新的生产的物质基础［增大］；而这同时又以科学力量的巨大发展为前提；（2）已经生产出来的资本中必须同直接劳动相交换的那部分减少，也就是说，为再生产出表现为大量产品，大量廉价产品（因为价格总额＝再生产出来的资本＋利润）的庞大价值所需要的直接劳动减少；（3）一般资本，包括不是固定资本的那部分资本在内，规模增大；从而，交往大大发展，交换活动量增大，市场扩大，同时进行的劳动具有全面性；交通工具等等［更发达］，存在着为进行这一巨大过程所必需的消费基金（工人要吃、住等），——正因为这样，可以看到：已经存在的物质的、已经造成的、以固定资本形式存在的生产力，以及科学的力量，以及人口等等，一句话，财富的一切条件，财富的再生产即社会个人的富裕发展的最重大的条件，就是说，资本本身在其历史发展中所造成的生产力的发展，在达到一定点以后，就会不是造成而是消除资本的自行增殖。

超过一定点，生产力的发展就变成对资本的一种限制；因此，超过一定点，资本关系就变成对劳动生产力发展的一种限制。一旦达到这一点，资本即雇佣劳动就同社会财富和生产力的发展发生像行会制度、农奴制、奴隶制同这种发展所发生的同样的关系，就必然会作为桎梏被摆脱掉。于是，人类活动所采取的最后一种奴隶形式，即一方面存在雇佣劳动，另一方面存在资本的这种形式就要被脱掉，而这种脱皮本身是同资本相适应的生产方式的结果；雇佣劳动和资本本身已经是以往的各种不自由的社会生产形式的否定，而否定雇佣劳动和资本的那些物质条件和精神条件本身则是资本的生产过程的结果。

从剩余价值转化为利润形式这一过程中直接得出的两个规律如下：

1.**剩余价值表现为利润时所表示的比率，总是小于剩余价值在其直接的现实中实际占有的比率**。因为这个比率不是用资本的一部分，即同活劳动相交换的那一部分来计量的（那是表现为剩余劳动同必要劳动之比的比率），而是用整个资本来计量的。不管资本a生产的剩余价值是多少，不管资本a中c和v即资本的不变部分和可变部分的比率是怎样的，剩余价值m用c+v来计量，必定小于它用自己的现实尺度v来计量。利润，或者说利润率——如果不把利润看作绝对额，而像大多数情况下那样看作**比率**（利润率是表现为比率的利润，即资本创造剩余价值所形成的那个**比率**）——，[Ⅶ—21]永远不会表示资本剥削劳动的实际比率，而总是表示小得多的比率，资本越大，利润率所表示的比率就越虚假。只有全部资本都仅仅转化为工资，全部资本都同活劳动相交换，就是说，它只有作为生活资料基金而存在，不仅不采取已经生产出来的原料的形式（在采掘工业中有这种情况），因而不仅原料等于零，而且生产资料，不管是工具形式上的还是已经发展了的固定资本形式上的生产资料，也等于零，只有这时，利润率才能表示实际的剩余价值率。这种情况在与资本相适应的生产方式的基础上是不可能出现的。如果a=c+v，那么不管m的数目是多少[①]，都［是$\frac{m}{c+v} < \frac{m}{v}$］。

2.第二个大规律是，随着资本已经越来越在对象化劳动形式上占有活劳动，从而，随着劳动已经越来越资本化，并因而在生产过程中越来越多地以固定资本的形式发挥作用，

———
① 在这里，a表示预付总资本，c表示不变资本，v表示可变资本，m表示剩余价值。——编者注

或者说，随着劳动生产力越来越增长，利润率也就越来越下降。劳动生产力的增长意味着：（a）相对剩余价值或工人向资本提供的相对剩余劳动时间增长了；（b）再生产劳动能力的必要劳动时间缩短了；（c）同作为对象化劳动和预先存在的价值参加生产过程的那部分资本相比，整个用来交换活劳动的那部分资本减少了。因此，利润率同相对剩余价值或相对剩余劳动的增长成反比，同生产力的发展以及同在生产中作为［不变］资本来使用的资本的量成反比。换句话说，第二个规律就是，随着资本的发展，即随着资本的生产力的发展，随着资本已经表现为对象化价值的规模的发展，随着劳动以及生产力的资本化的规模的发展，**利润率有下降的趋势**。

资本来计量的。不管资本a生产的剩余价值是多少，不管资本a中c和v即资本的不变部分和可变部分的比率是怎样的，剩余价值m用c+v来计量，必定小于它用自己的现实尺度v来计量。利润，或者说利润率——如果不把利润看作绝对额，而像大多数情况下那样看作**比率**（利润率是表现为比率的利润，即资本创造剩余价值所形成的那个**比率**）——，[Ⅶ—21]永远不会表示资本剥削劳动的实际比率，而总是表示小得多的比率，资本越大，利润率所表示的比率就越虚假。只有全部资本都仅仅转化为工资，全部资本都同活劳动相交换，就是说，它只有作为生活资料基金而存在，不仅不采取已经生产出来的原料的形式（在采掘工业中有这种情况），因而不仅原料等于零，而且生产资料，不管是工具形式上的还是已经发展了的固定资本形式上的生产资料，也等于零，只有这时，利润率才能表示实际的剩余价值率。这种情况在与资本相适应的生产方式的基础上是不可能出现的。如果a=c+v，那么不管m的数目是多少①，都[是$\frac{m}{c+v}<\frac{m}{v}$]。

2.第二个大规律是，随着资本已经越来越在对象化劳动形式上占有活劳动，从而，随着劳动已经越来越资本化，并因而在生产过程中越来越多地以固定资本的形式发挥作用，

———

① 在这里，a表示预付总资本，c表示不变资本，v表示可变资本，m表示剩余价值。——编者注

或者说，随着劳动生产力越来越增长，利润率也就越来越下降。劳动生产力的增长意味着：(a) 相对剩余价值或工人向资本提供的相对剩余劳动时间增长了；(b) 再生产劳动能力的必要劳动时间缩短了；(c) 同作为对象化劳动和预先存在的价值参加生产过程的那部分资本相比，整个用来交换活劳动的那部分资本减少了。因此，利润率同相对剩余价值或相对剩余劳动的增长成反比，同生产力的发展以及同在生产中作为〔不变〕资本来使用的资本的量成反比。换句话说，第二个规律就是，随着资本的发展，即随着资本的生产力的发展，随着资本已经表现为对象化价值的规模的发展，随着劳动以及生产力的资本化的规模的发展，**利润率有下降的趋势**。

《政治经济学批判。第一分册》第二章初稿片断和第三章开头部分

[第二章 货币]

[(2) 货币作为支付手段]

(5) 简单流通中占有规律的表现

因此，劳动和对自己劳动成果的所有权表现为基本前提，没有这个前提就不可能通过流通而实行第二级的占有。**以自己的劳动为基础的所有权**，在流通中成为**占有他人劳动的基础**。其实，如果我们仔细考察一下流通过程，就会看到，它的前提是交换者表现为交换价值的所有者，即物化在使用价值中的劳动时间量的所有者。**交换者怎样成为这些商品的所有者**，这是一个发生在简单流通背后的过程，并且这一过程在流通开始之前就已结束。私有权是流通的前提，但是在流通中占有过程本身并不显示出来，并不表现出来，它倒是流通的前提。在流通本身中，在资产阶级社会表面上所呈现出来的交换过程中，每个人给出东西只是因为他获得东西，而他获得东西只是因为他给出东西。他无论是给出还是获得，

都必须**拥有**东西。使他处于拥有东西的状况的那个过程决不是流通本身的要素。只有作为交换价值的私有者，不管是商品形式还是货币形式的交换价值的私有者，主体才能成为流通的主体。他们怎样成为私有者，即怎样**占有对象化劳动**，这种情况看来根本不属于简单流通的考察范围。但另一方面，商品倒是流通的前提。而从流通的观点来看，只有通过自己劳动的转让才能占有他人商品即**他人劳动**，所以从这一观点来看，发生在流通之前的［B'—18］**商品占有过程必然**表现为**通过劳动而占有**。商品作为交换价值只是对象化劳动，而从流通的观点来看，流通本身仅仅是交换价值的运动，他人的对象化劳动不通过等价物的交换是不能占有的，因此，**商品实际上只不过是自己的劳动的对象化**，并且正像自己的劳动实际上是对自然产品的实际占有过程一样，自己的劳动同样也表现为法律上的所有权证书。**流通**仅仅表明，这种直接占有怎样通过某种**社会行动**的中介，**使对自己的劳动的所有权转变为对社会劳动的所有权**。

因此，所有现代的经济学家，无论偏重经济学方面或偏重法学方面，都把个人自己的劳动说成最初的所有权依据，而把对自己劳动成果的所有权说成资产阶级社会的基本前提

(舍尔比利埃的著作，见同上。①并见**亚·斯密的著作**②）。这种前提本身是建立在**交换价值这种支配着生产关系和交往关系的总和的经济关系的前提上的**，因而它本身是资产阶级社会即发达的交换价值的社会的历史**产物**。另一方面，因为在考察比简单流通所表现的经济关系更为具体的经济关系时，似乎出现了［与上述占有规律］相矛盾的规律，所以一切古典经济学家，直到李嘉图，都喜欢把这种**来自资产阶级社会本身**的见解称为一般规律，但却把这种规律的严格的现实性限定在还**不存在所有权**的黄金时代。可以说是限定在经济学上的原罪以前的时代，例如布阿吉尔贝尔就是如此。**于是，就会产生这样一个奇怪的结果：资产阶级社会的占有规律的真实性竟不得不被搬到这种社会本身还不存在的那个时代去**，而所有权的基本规律不得不被搬到还没有所有权的那个时代去。这种幻觉是显而易见的。最初的生产是建筑在原始共同体的基础上，在共同体内部，私人交换仅仅表现为完全表面的次要的例外。随着这些共同体在历史上解体，接着产生的是统治和从属关系，强制关系，这些关系同温和的商品流通以及与之相适应的关系处于尖锐的矛盾之中。但是不管怎样，**呈现**在社会**表面上**的流通过程并不知道其他占有方式，如果

---

① 见《马克思恩格斯全集》第31卷第347页。——编者注
② 见亚·斯密《国民财富的性质和原因的研究》1802年巴黎版第1卷第60、61页。

在研究过程中会发生矛盾,那么这种矛盾也像**最初通过劳动进行占有这一规律一样,必定是从交换价值本身的发展中产生的**。

既然通过自己的劳动进行占有的规律是前提,并且这个前提是从考察流通本身中显露出来的,而不是随意的假定,那么在流通中自然就会得出一个建立在这一规律基础上的资产阶级自由和平等的王国。